À Claude

Ugo Avril 2012

UN CAPITALISME
À VISAGE HUMAIN

GW00724478

DU MÊME AUTEUR

Jean-Claude Barreau a écrit et publié quarante-deux livres traduits en dix-sept langues, dont :

Essais

La Foi d'un païen, Seuil, 1967 ; Livre de vie, 1968.
Qui est Dieu ?, Seuil, 1971.
Pour une politique du livre, Dalloz, 1982 (en collaboration avec Bernard Pingaud).
Du bon gouvernement, Odile Jacob, 1988.
De l'islam et du monde moderne, Le Pré-aux-Clercs, 1991 (Prix Aujourd'hui, 1991).
De l'immigration, Le Pré-aux-Clercs, 1992.
Biographie de Jésus, Plon, 1993 ; Pocket, 1994.
Les Vies d'un païen, Plon, 1996.
La France va-t-elle disparaître ?, Grasset, 1997.
Le Coup d'État invisible, Albin Michel, 1999.
Tous les dieux ne sont pas égaux, JC Lattès, 2001.
Bandes à part, Plon, 2003.
Les Vérités chrétiennes, Fayard, 2004.
Toute l'histoire du monde, Fayard, 2005 (en collaboration avec Guillaume Bigot) ; Livre de Poche, 2007.
Y a-t-il un Dieu ?, Fayard, 2006.
Toute la géographie du monde, Fayard, 2007 (en collaboration avec Guillaume Bigot) ; Livre de Poche, 2009.
Les Racines de la France, Éditions du Toucan, 2008.
Nos enfants et nous, Fayard, 2009.
Tout ce que vous avez toujours voulu savoir sur Israël, Éditions du Toucan, 2010.

Romans

La Traversée de l'Islande, Stock, 1979 (téléfilm Antenne 2, 1983).
Le Vent du désert, Belfond, 1981.
Les Innocents de Pigalle, JC Lattès, 1982.
Oublier Jérusalem, Actes Sud, 1989 ; J'ai lu, 1991.

Jean-Claude Barreau

Un capitalisme
à visage humain

Le modèle vénitien

Fayard

ISBN : 978-2-213-65438-6

Requiem pour une déesse morte
qui a beaucoup à nous apprendre

PREMIÈRE PARTIE

La puissance et la gloire

1 – Max Weber démenti

Républicain de stricte observance, je confesse ma coupable admiration pour une oligarchie disparue ! Socialiste de cœur, je révère la cité magnifique qui illustra si longtemps le commerce et la finance, la cité mère du capitalisme (avec Gênes et Florence).

Car, il faut le souligner tant cette fausse évidence envahit les copies des étudiants ou, pis, les écrits des économistes, ce ne sont nullement les tristes cités protestantes issues de la Réforme – dont Genève est l'archétype – qui ont inventé le capitalisme moderne, mais bien, et cela des siècles plus tôt, les joyeuses cités catholiques et médiévales dont Venise est la plus sublime.

Comment Max Weber a-t-il pu se tromper à ce point dans son essai sur *L'Éthique protestante et l'esprit du capitalisme* ? Comment une telle contre-vérité a-t-elle pu s'imposer chez nombre d'universitaires ?

Il est vrai que l'« économie » est moins une science qu'un savoir-faire, et qu'on n'exige pas de ses adeptes qu'ils possèdent un minimum de culture historique. Mais pour qu'une erreur factuelle puisse être tenue pour une évidence, il faut davantage ; il faut un arrière-plan. Or, depuis le XIXᵉ siècle, le modèle dominant du capitalisme mondial est anglo-saxon, c'est-à-dire protestant (bien qu'on dénombre de plus en plus de catholiques en Grande-Bretagne et aux États-Unis).

Ainsi capitalisme et protestantisme se sont-ils liés dans la tête d'économistes peu férus d'histoire auxquels Amsterdam, la City et Wall Street ont fait oublier Florence et ses Médicis, Milan et ses banquiers (il fut une époque où l'on appelait « Lombards » tous les usuriers), Venise et son Rialto !

2 – « Mort à Venise »

Il est vrai que Venise traîne derrière elle une forte odeur de pourriture et de décadence qui colle mal avec l'apparence moderne et hygiénique des « marchés », dans lesquels la pourriture et la décadence sont avérées, mais ne doivent pas se sentir.

Quand, le 16 mai 1797, les soldats de Bonaparte prirent possession de la cité, inviolée depuis un millénaire, et en détruisirent l'État, la ville entra dans une longue période de déshérence et de déclin. Privée de sa marine, abandonnée par ses patriciens, sans plus aucune justification économique, délaissée par une Italie du Risorgimento qui ne l'a jamais aimée (car trop orientale, trop étrangère, trop byzantine), Venise tombait en ruine quand elle fut sauvée par le tourisme.

Ce fut d'abord le tourisme chic, celui des malades épuisés de phtisie qui venaient s'y dissoudre dans une ambiance morbide, rendue célèbre par le génie littéraire de Thomas Mann dans *Mort à Venise*.

Vint ensuite le tourisme de masse, dont les marées humaines submergent aujourd'hui la place Saint-Marc plus souvent encore que les *acqua alta*.

Il n'est pas surprenant que, devant ce spectacle de régiments du troisième âge suivant le petit drapeau de leurs guides et de théories d'amoureux benêts, Régis Debray ait pu se laisser aller à écrire un *Contre Venise*, malgré l'obstinée beauté des architectures de la cité !

3 – La « Sérénissime Dominante »

Un simple rappel historique suffit à dissiper ces billevesées. Certes, la ville n'est plus de nos jours qu'un musée menacé par les eaux dans lequel les milliardaires milanais et français ainsi que les oligarques russes achètent des palais à l'abandon. C'est un moindre mal, car ils les restaurent parfois bien, tel notre François Pinault à la Punta della Dogana.

Mais, jusqu'au XIXe siècle, Venise fut un État souverain. Aux XVe et XVIe siècles, la République était, et de loin, la première puissance navale de Méditerranée, l'exemple le plus achevé de ce qu'on appelle la « thalassocratie », la cité qui domine la mer. Chaque année, le jour de l'Ascension, son chef d'État, le doge, à l'avant de la galère d'apparat nommée *Le Bucentaure*, jetait un anneau dans les flots en s'écriant :

« Nous t'épousons, ô Mer, en signe de véritable et perpétuelle possession. »

L'architecture de la ville était ce qu'elle est restée : sublime. Philippe de Commynes écrivait de Venise en 1495 qu'elle était « la plus triomphante cité qu'on ait jamais vue ». Dans ce cri, il y a de l'admiration pour sa beauté, mais aussi du respect pour sa puissance.

Car pendant cinq siècles, de 1100 à 1600, Venise demeura ce que fut la Grande-Bretagne au XIXe siècle, la reine du commerce, et une reine redoutable.

De fait, elle dominait un grand empire.

Sur les flots, les « États de la mer » couvraient l'Istrie, la Dalmatie jusqu'aux gorges de Cattaro (Kotor), aujourd'hui Croatie maritime, les côtes albanaises.

En Grèce, Corfou et les îles Ioniennes, le Péloponnèse – que Venise appelait « Morée » (il existe un roman de Bruno Racine sur cette domination qui dura jusqu'en 1716, *Le Gouverneur de Morée*) –, les Cyclades, Eubée (qu'elle nommait « Nègrepont »), la Crète (« Candie », d'où le sucre de Candie), vénitienne cinq siècles durant, dont les Vénitiens disaient qu'elle était « la force et le fondement de notre domination », sans oublier la belle île de Chypre.

Devant la basilique Saint-Marc, on voit encore trois grands mâts. Ce sont ceux où l'on hissait les étendards de Morée, de Candie et de Chypre, les trois royaumes de Venise...

Toute la Méditerranée orientale est ainsi marquée, de place en place, des villes vénitiennes : Zara (Zadar), Spalato (Split) ou Raguse (Dubrovnik), même si cette dernière devint ensuite un protectorat.

La pseudo-opposition de Raguse à Venise est une légende. Raguse fut une colonie vénitienne. Venise accepta ensuite une espèce d'« indépendance » ragusaine uniquement parce que cette convention lui permettait, même quand elle était en guerre avec les Ottomans, de commercer avec les Turcs. Les deux ennemis y trouvaient d'ailleurs avantage et Constantinople tenait, comme Venise, à cette fiction.

Et au-delà : Cattaro (Kotor), Prévéza, Parga, Monemvasia au sud du Péloponnèse et Nauplie (Naples de Romanie) à l'est de la même presqu'île... Les hordes touristiques visitent aujourd'hui ces « Venises sèches », si semblables à leur métropole ; superbes et, comme elle, marquées du « lion ailé ». Curieux symbole pour une métropole maritime, ce lion : Venise l'adopta après avoir ramené d'Alexandrie d'Égypte les dépouilles de l'évangéliste Marc, dont c'était l'emblème. Chateaubriand a compris l'étrangeté du contraste, le signe du lion pour une ville des flots. « Venise, planteuse de lions », dira le vicomte en évoquant les lions de toutes ces colonies méditerranéennes. À l'opposé, les visiteurs contemporains de ces cités magnifiques (où pourtant le lion de Saint-Marc est omniprésent) ont complètement oublié qui les posséda et ne se demandent même pas qui les construisit...

Cette *damnatio memoriae* touche encore davantage les extraordinaires citadelles établies par Venise en tous les points stratégiques de la mer : Modon (Methoni) et Coron (Koroni) par exemple, au sud du Péloponnèse, à la rencontre de la Méditerranée et de l'Adriatique, « les yeux et les oreilles de notre République », disaient les Vénitiens de ces deux forteresses dont les ruines impressionnantes se visitent encore.

Mais Venise était puissante aussi sur terre. Elle possédait la majeure partie de l'Italie du Nord, qu'elle appelait les « États de Terre ferme ».

Elle régnait depuis la banlieue de Milan, Brescia et Bergame jusqu'aux pays autrichiens ;

depuis les cols des Alpes jusqu'à Ferrare et Rimini. Elle contrôlait le fleuve Pô.

Vérone, Vicence, Trévise étaient ses capitales continentales, et Padoue sa ville universitaire.

En fait, la République était un grand État. S'il ne dominait directement qu'environ cent mille kilomètres carrés et quelques millions de sujets, il s'allongeait, comme un bras tendu, sur des milliers de kilomètres, depuis le lac de Garde jusqu'au mont Liban, du fleuve Pô à la mer d'Azov, la mer Noire et la mer Rouge... La ville elle-même comptait quelque deux cent mille habitants et fut longtemps la plus importante d'Europe, jusqu'à ce que Paris la dépasse au XVIIᵉ siècle...

Au-delà de ses possessions, Venise commerçait, comme le décrit Fernand Braudel[1], avec l'« économie-monde » de son époque : celle du « tri-continent » (Europe, Asie, Afrique), depuis la Baltique jusqu'à la Chine. Marco Polo serait resté un commerçant vénitien comme les autres si ses loisirs de prisonnier de guerre (une guerre vénitienne) ne l'avaient conduit à écrire *Le Livre des merveilles*.

---

1. Fernand Braudel, *La Méditerranée*, Flammarion, 2009.

Et quand le Nouveau Monde fut découvert par les monarchies ibériques, les marins vénitiens prirent part à sa conquête.

La République avait ses routes maritimes. Ses navires les suivaient de forteresse en forteresse et d'escale en escale, en convois gardés militairement : de Venise à Constantinople et, au-delà, à Tana et Trébizonde, la plus importante.

De Venise aux Échelles du Levant, Acre, Beyrouth, Tripoli, dans lesquelles la cité disposait de quartiers souverains dirigés par un bayle ; de même à Alexandrie d'Égypte, où le quartier vénitien jouissait d'extraterritorialité ; jusqu'à l'Angleterre et aux villes hanséatiques, en passant par Tunis, Alger et le détroit de Gibraltar.

Par la mer Rouge, des navires vénitiens, partis d'Égypte, gagnaient l'Inde.

La République avait aussi ses routes terrestres, jalonnées de relais et d'hôtelleries : ses commerçants remontaient le Pô et, par le col du Mont-Cenis , gagnaient les foires de Champagne ; ils descendaient l'Euphrate jusqu'en Perse ; ils remontaient le Nil jusqu'en Éthiopie.

La route terrestre la plus célèbre et la plus importante (que suivit la famille de Marco

Polo) partait de Tana, en mer d'Azov, pour gagner la Chine ; c'était la fameuse « route de la Soie ». Par le col du Brenner affluaient vers la ville les commerçants ou les hommes d'affaires de tout l'Empire germanique.

Et la gloire militaire ne fut pas absente de cette prépondérance commerciale.

Comme une guêpe furieuse (l'expression est de Fernand Braudel), Venise, qui pourtant sut toujours négocier et commercer avec l'Empire ottoman, lui fit la guerre à chaque fois qu'elle y était contrainte.

On pourrait faire un livre des relations contrastées entre la Sérénissime République et la « Sublime Porte » (ou simplement la « Porte », ainsi qu'on nommait le gouvernement du sultan de Constantinople d'après la porte de son palais du sérail).

C'est ainsi qu'il faut attribuer entièrement à Venise l'écrasement de la flotte ottomane à Lépante le 7 octobre 1571, même si, pour des raisons diplomatiques, la République avait confié l'apparence du commandement de ses escadres à un tout jeune – mais bien né – prince espagnol, don Juan, et accepté la collaboration des navires de sa concurrente Gênes, du royaume de Naples, de la Catalogne, du pape et de l'ordre de Malte. Elle fournit à la flotte de Lépante 60 % de ses vaisseaux et les plus puissants, en particulier les lourdes galéasses dotées d'une forte artillerie qui décidèrent de la victoire ; il y avait plus de cent vingt galères vénitiennes sur deux cents navires alliés !

Cette victoire, l'une des plus célèbres batailles navales de l'Histoire (avec Actium, Trafalgar et les îles Midway), assura à la chrétienté une domination définitive sur les mers.

Plusieurs jours après la bataille, une galère de combat, traînant derrière elle des oriflammes capturées aux Turcs, entra dans le port de Venise, faisant feu à blanc de tous ses canons. Le commandant en descendit. Introduit devant le doge dans la salle du Grand Conseil où siégeaient un millier de patriciens inquiets, il s'écria d'une voix forte et militaire : « Sérénissime Prince, toute la flotte du Turc est coulée ou jetée à la côte, les janissaires sont tués ou en fuite, la Sublime Porte humiliée, la République triomphe. »

Le messager de la victoire ne disait pas que plusieurs centaines de patriciens étaient morts à Lépante en combattant à la proue de leurs vaisseaux.

Puissance maritime, Venise savait aussi combattre sur terre : trois générations avant

Lépante, la ville avait tenu tête à tous les rois d'Europe coalisés contre elle dans la « ligue de Cambrai[1] » en 1509.

Au temps de sa splendeur, on appelait Venise la « Sérénissime République Dominante ». « Sérénissime » nous parle de sa sagesse, « Dominante » évoque sa force.

À l'époque, on la nommait d'ailleurs plus communément la « Dominante » que la « Sérénissime ».

Nous n'avons retenu que le premier adjectif, car nous avons oublié que Venise fut forte, vertu qui nous fait peur. Mais on ne saurait oublier que, des siècles durant, Venise fut une cité dominante, un peu comme la Londres victorienne.

Elle le fut jusqu'en 1716, date où elle perdit le Péloponnèse au profit des Turcs et se réfugia dans une neutralité peureuse. Reste que, sous Richelieu encore, son budget dépassait celui du royaume de France. Le grand cardinal estimait fort la République et passa beaucoup de son temps à négocier une alliance avec elle contre les Autrichiens, qui utilisaient la Valteline, une vallée au nord des possessions vénitiennes

---

1. Alliance conclue contre les Vénitiens par l'empereur germanique Maximilien, Louis XII de France et Ferdinand II d'Aragon.

qui permettait à l'Empire des Habsbourg de communiquer avec ses possessions milanaises et que Richelieu voulait barrer avec l'aide de la Dominante.

Personne n'a mieux compris et décrit Venise que Chateaubriand dans ses *Mémoires d'outre-tombe*. Impossible de n'en pas citer ici les plus beaux extraits :

« Venise, épouse de l'Adriatique et dominatrice des mers ; Venise qui donnait des empereurs à Constantinople, des rois à Chypre, des princes à la Dalmatie, au Péloponnèse, à la Crète ; Venise qui humiliait les Césars de la Germanie et recevait à ses foyers inviolables les papes suppliants ;

Venise de qui les monarques tenaient à honneur d'être citoyens, à qui Pétrarque, Pléthon, Bessarion léguaient les débris des lettres grecques et latines sauvées du naufrage de la barbarie ;

Venise qui, république au milieu d'une Europe féodale, servait de bouclier à la chrétienté ;

Venise, planteuse de lions, qui mettait sous ses pieds les remparts de Ptolémaïde, d'Ascalon, de Tyr, et abattait le Croissant à Lépante ;

Venise dont les doges étaient des savants et les marchands des chevaliers ; Venise qui terrassait l'Orient ou lui achetait ses parfums, qui rapportait de la Grèce des turbans conquis ou des chefs-d'œuvre retrouvés ;

Venise qui sortait victorieuse de la ligue ingrate de Cambrai ;

Venise qui triomphait par ses fêtes, ses courtisanes et ses arts, comme par ses armes et ses grands hommes ;

Venise, à la fois Corinthe, Athènes et Carthage, ornant sa tête de couronnes rostrales et de diadèmes de fleurs. »

Tout est dit, et si bien !

Pour retrouver aujourd'hui quelque chose de la splendeur évoquée par le vicomte, il faut regarder la ville depuis la mer. Thomas Mann l'avait compris :

« Arriver à Venise par le chemin de fer, c'est entrer dans un palais par la porte de derrière. Il ne faut pas approcher l'invraisemblable cité autrement qu'en bateau par le large.

Sur la rive : l'antique magnificence du palais des Doges, les colonnes de marbre, le lion. »

L'« invraisemblable cité » : Thomas Mann, bien qu'il soit responsable de son image décadente, avait tout saisi de la ville...

4 – Une cité « sociale »

Mais il y a davantage. Si Venise fut, comme ses rivales d'Italie, la créatrice du capitalisme moderne – la comptabilité en partie double, la lettre de change, la banque, la Bourse... –, n'en déplaise à Max Weber et à ses disciples, elle eut une grande supériorité sur Florence, Milan, Rome et Sienne.

Elle sut inventer, chez elle et dans ses domaines, une espèce particulière de capitalisme que je nommerais « à visage humain », en référence au « communisme à visage humain » rêvé des siècles plus tard en Tchécoslovaquie. (D'ailleurs, la comparaison a sa cohérence, le capitalisme n'étant rien d'autre qu'un communisme inversé, mais avec la même croyance marxiste en l'absolu de l'économie.)

Capitaliste, certes Venise le fut, mais sans les horribles inégalités, les fortunes outrecuidantes, la spéculation éhontée, l'arrogance insupportable des riches, la misère dramatique et toujours plus grande des pauvres et les guerres sociales.

Toutes les autres cités italiennes connurent des guerres civiles entre ceux que les Italiens de l'époque nommaient le « peuple gras » et le « peuple maigre ». Toutes en souffrirent cruellement.

Pour s'en convaincre, il suffit d'aller admirer le mur de la salle principale du Palais communal de Sienne sur lequel est peint le tableau immense qu'on appelle *Du bon gouvernement*[1].

Quand le gouvernement est avisé et juste, les citoyens sont heureux et prospères, ce qu'illustre le tableau pour une part.

Malheureusement, on y voit aussi des affamés, des misérables, et l'on peut reconnaître sans se tromper dans ce « mauvais gouvernement » le capitalisme financier, sauvage et cupide qui fut celui des Médicis (à l'exception de Laurent le Magnifique) et est aujourd'hui celui que prêche la *doxa* libérale de la finance

---

1. Œuvre du peintre Ambrogio Lorenzetti.

anglo-saxonne, dénoncée par l'économiste Joseph Stiglitz dans son livre intitulé *Le Triomphe de la cupidité* ; capitalisme prédateur qui mène à la misère et au chaos, comme nous avons pu le constater avec la crise de 2008.

Venise n'est plus aujourd'hui qu'une cité morte. Non seulement sa puissance économique s'est évanouie en 1797 en même temps que son indépendance et sa liberté, mais elle n'a plus de raison d'être, à part une destination touristique comme le Mont-Saint-Michel ou une résidence secondaire pour riches « bobos » ; et, pour cela, Régis Debray fait bien de critiquer une certaine mode vénitienne de la bourgeoisie européenne et de préférer une Naples grouillante de vie à une Venise abandonnée par sa population.

La déchéance de Venise date de 1797, mais l'Italie unifiée lui avait imposé (après les Autrichiens qui ont construit le pont raccordant la ville au continent et le chemin de fer), quitte à la défigurer, des activités portuaires et industrielles, aujourd'hui en déclin, mais qui y avaient maintenu une forte population. Au milieu du XXᵉ siècle encore, le génial dessinateur Hugo Pratt avait pu passer une enfance enchantée dans le quartier populaire de l'Arsenal, en connaître tous les détours de Saints-Jean-et-Paul au Ghetto, y aller à l'école. Pratt est le dernier des Vénitiens. Dans toute son œuvre, en particulier dans l'album intitulé *Fable de Venise*, on sent l'influence mystérieuse de la ville.

Quand j'y vins pour la première fois, en vélo depuis Paris avec un camarade, vers 1950, la cité historique était encore aussi vivante que Naples. J'y ai vu des centaines de gamins piquer une tête dans le Grand Canal.

Aujourd'hui, c'est à peine si trente mille personnes y résident encore, et parmi elles des Vénitiens acharnés qui s'accrochent.

Les autres ont gagné les sinistres banlieues du continent, où ils trouvent du travail et surtout peuvent circuler en voiture, ce qui est impossible dans la vieille ville. Mais ce qui était une tare irrémissible dans un siècle « bagnolard » pourrait devenir une chance dans un temps écologique...

Le jour, la foule des touristes, dont la plupart d'ailleurs vont dormir sur le continent, fait illusion, au moins le long des circuits moutonniers tracés par les guides, Saint-Marc, le Rialto. Car, dès qu'on s'éloigne de quelques dizaines de mètres de ces itinéraires, le calme des ruelles et des petites places est saisissant.

Devant la porte de l'Arsenal, par exemple, il n'y a personne. La nuit aussi révèle l'abandon. Ainsi, presque toutes les fenêtres des palais du Grand Canal sont obscures, montrant qu'ils ne sont plus que des coquilles vides. La vie a quitté Venise. C'est un splendide musée.

Cependant, on ne saurait oublier – ce qui est très rarement rappelé – que Venise a donné au monde la leçon non seulement d'une architecture inouïe, mais aussi et peut-être surtout d'une économie politique qui atteignait au bonheur.

Quand on doute de l'humanité, même aujourd'hui, il faut prendre le temps de descendre le Grand Canal en *vaporetto*. Les *vaporetti*, qui ne marchent d'ailleurs plus à la vapeur mais au gazole, ont remplacé les coches d'eau de jadis. La gondole, qui fut le symbole même de la ville, n'est plus qu'un objet touristique.

Décrypter cette leçon d'économie politique, de bon gouvernement, tel est le but de cet essai.

Par ailleurs, si les historiens spécialistes de Venise – et ils sont nombreux et savants – ont bien vu le caractère original de son capitalisme et en ont parlé, peu en ont fait le sujet principal de leur analyse, mettant en valeur son caractère exemplaire et toujours actuel.

La puissance et la gloire

Comment construire un capitalisme à visage humain ?

La question est d'une grande urgence.

Venise nous donne la réponse.

Deuxième partie

Du bon gouvernement

1 – Une cité écologique

Toutes les villes sont nées sur un sol bien précis, à un croisement de chemins, près d'un passage à gué de fleuves autrement infranchissables, au fond d'une anse marine protégée des vents mais ouverte au large, dans une vallée ensoleillée conduisant à un col.

Venise, seule, a surgi de la mer comme la Vénus de Botticelli surgit des flots.

La Méditerranée connaît seulement deux sortes de rivage : la montagne et la lagune. Mais, si la lagune y est fréquente (Camargue, Maremme, golfe de Syrte...), elle est le plus souvent désolée. Elle étale à l'infini de grandes étendues d'eau saumâtre, plus ou moins coupées d'étroites lignes de cordons littoraux en sable qui la séparent du large.

Sur ces immensités subsistaient seuls, sur de rares îlots vaseux, des pêcheurs et des sauniers, peu nombreux et affaiblis par le paludisme. En effet, si les poissons et les crustacés abondent dans ces eaux tièdes et peu profondes, et si la chaleur méditerranéenne permet de transformer ces lieux en marais salants et d'en extraire le sel, indispensable à la vie et si précieux jadis, le non-renouvellement des eaux est propice à l'anophèle et à la fièvre qu'il transmet, la malaria[1].

La lagune de Venise ressemble à toutes les autres lagunes en Méditerranée. Elle borde le nord de l'Adriatique de façon presque continue depuis Grado jusqu'à Chioggia sur une centaine de kilomètres de long et quelques kilomètres de large.

Comme les autres, elle était à l'origine peuplée de pêcheurs de moules et d'artisans du sel.

Cependant, depuis l'effondrement de l'empire romain d'Occident (la prise de Rome par les Barbares date de l'an 410 de notre ère), à chaque razzia des envahisseurs, les riches patriciens des belles villes de Vénétie continentale se réfugiaient dans les hameaux des

---

1. Après la Seconde Guerre mondiale, le DDT a changé la donne, permettant l'érection sur ces plages d'horribles stations balnéaires.

pauvres occupants de la lagune, le temps que le danger soit passé. Ensuite, ils retournaient dès que possible dans leurs grandes propriétés dévastées du continent, les réparaient, et reprenaient leurs activités habituelles.

Mais, à la fin du VIe siècle de notre ère, en 569 exactement, les Barbares lombards ne repartirent pas.

Au début du VIIe siècle, ils étaient établis définitivement dans la plaine du Pô, à laquelle ils donnèrent leur nom : la Lombardie. Les patriciens romains d'Aquilée, de Vérone et de Padoue restèrent ainsi bloqués chez les pêcheurs et sauniers au milieu des eaux de la lagune. Les Lombards, faute d'embarcations, ne pouvaient franchir ces flots, ces quatre ou cinq kilomètres qui séparent les hameaux de la terre. Quand les Lombards eurent des bateaux, ils ne le purent davantage. Profonde d'environ deux mètres, la lagune est en effet coupée de hauts-fonds vaseux dans lesquels les barques des assaillants s'échouent, faute de savoir reconnaître les chenaux navigables dont seuls les indigènes connaissent le tracé. Les chenaux sont ceux que creusent dans la lagune les fleuves venus du continent. On en marquait les détours au moyen de grandes perches appelées « ducs-d'Albe » ou « bricoles », comme on le fait toujours aujourd'hui.

En cas d'attaque, il suffisait d'enlever les perches pour envaser les bateaux ennemis dans un piège infernal.

De fait, dans l'Histoire, ces quelques kilomètres d'eau peu profonde qui séparent les Vénitiens de la terre ferme ne furent jamais franchis de force (pas même, nous le verrons, par Bonaparte).

Du côté du grand large, le rideau de sable du Lido est lui aussi facilement défendable. Il est certes percé d'amples ouvertures qui permettent de passer en haute mer, mais celles-ci sont au nombre de trois, donc aisées à contrôler et à fortifier.

Ne pouvant se contenter des huttes de pêcheurs, les patriciens réfugiés fondèrent une ville. Après plusieurs tâtonnements (Grado, Malamocco, Torcello), ils choisirent les minuscules îlots du Rialto, les plus imprenables car les plus éloignés tant du grand large que de la terre ferme. Ils y construisirent bientôt des maisons aussi belles que celles qu'ils avaient dû quitter. Ils en étaient capables, car ils avaient apporté avec eux à la fois leur culture latine et leur capital financier.

Comme le poisson et les fruits de mer ne pouvaient leur suffire, ils décidèrent de se lancer dans le commerce maritime, bien qu'ils fussent pour la plupart d'anciens citadins ou d'anciens latifundiaires[1]. Le sel de la lagune leur fournit leur premier objet d'échange.

En l'an 750, Venise est déjà fondée, active, bâtie de palais, de marchés, couverte d'églises, employant des navires venus de loin.

Mais le paludisme ? direz-vous.

Les fièvres et la malaria n'auraient-elles pas dû, comme dans les autres lagunes méditerranéennes, décimer les habitants ?

Eh bien non ! Car la lagune de Venise jouit d'un privilège unique : elle est, deux fois par jour, balayée par le flux et le reflux de la marée qui en brasse les eaux et les mélange avec celles du large.

La marée est de soixante centimètres et atteint souvent les quatre-vingt-dix. Cela suffit pour assainir les flots. Tout visiteur peut, à Venise, constater la montée et la descente des eaux, couvrant puis découvrant les escaliers des palais, affleurant au ras des portes puis laissant apercevoir les murs couverts de moules. Parfois – souvent, surtout l'hiver –, des marées trop hautes, les *acqua alta*, qui dépassent un mètre dix, envahissent les *campi*

---

1. Grands propriétaires terriens.

de la ville et les rez-de-chaussée des maisons, transformant en lac la place Saint-Marc. Ainsi la lagune de Venise est-elle vivante, agitée, saine... et mortelle à l'anophèle. Le paludisme y est inconnu.

Chance extraordinaire que surent saisir les fondateurs de cette ville née d'un exode, battue par les vagues et bâtie sur la mer, de ce peuple issu du métissage improbable de patriciens et de pêcheurs. Mais sur quel sol a-t-on pu construire Venise ?

C'est vrai, il n'y a pas de « sol » à proprement parler : on ne saurait appeler ainsi la centaine d'îlots vaseux qui ne pouvaient guère porter que des huttes ou des cabanes légères.

Pourtant, Venise est construite de bâtiments lourds, maisons de brique rouge d'abord (« Dans Venise la rouge », écrit Musset, et de fait le rouge est bien la couleur dominante de la ville), puis de pierre d'Istrie et de marbre de Carrare.

La technique de construction est toujours la même : on entoure de digues une parcelle, on l'assèche en pompant l'eau. On y installe, fixé par des poteaux aux quatre coins, un solide radier de poutres de chêne enfoncé dans la vase, donc imputrescible. Sous ce radier, d'autres pilotis, réunis en grappes, poussent à travers la vase jusqu'au sol dur, le *caranto*. Il en faut des milliers si l'édifice projeté est pesant, telle l'église de la Salute. Sur ce radier, on élève ensuite les fondations ordinaires de brique ou de pierre.

Ainsi, si les bâtiments de Venise rivalisent en splendeur avec ceux qu'on peut admirer dans les autres villes d'Italie, eux seuls nécessitent un travail aussi cyclopéen avant même qu'on puisse commencer à en poser les fondations.

Sous eux vivent, immergées, d'invisibles forêts.

Il fallut faire venir de loin les bois nécessaires à cette entreprise de titans. Venise les tira d'abord de ses possessions et déboisa la Dalmatie et le Péloponnèse (ce qui, je l'avoue, n'est pas très écologique, mais elle eut à cœur de replanter).

Ensuite, elle préféra acheter des troncs d'arbres issus des forêts inépuisables de la Scandinavie, avec laquelle elle était en relation commerciale constante.

Pour ces raisons, les bâtiments de Venise coûtent, à splendeur égale, trois fois plus cher que ceux du continent.

Pour couvrir de telles dépenses, il fallait bien au départ les fortunes sauvées du désastre des patriciens réfugiés et il faudra ensuite, pendant mille ans, les immenses revenus que les mêmes, puis leurs descendants, surent tirer de la finance et du commerce. Il y fallait aussi un État fort.

Si l'on compare Venise et Gênes, sa rivale, les deux grandes cités commerçantes médiévales, on comprend tout de suite l'influence de la géographie sur l'histoire des peuples.

« La politique d'un État est toute dans sa géographie », constate Bonaparte.

Dans la lagune, seul un État pouvait édicter les règlements nécessaires, faire ériger des digues, importer des bois (on observe le même phénomène en Hollande, construite elle aussi en lagune, quoique sur la mer du Nord).

Au contraire, Gênes est bâtie près de la montagne, sur un rivage parsemé de golfes. La construction y est facile.

Pis, chaque calanque de la côte ligurienne est isolée des autres et ouverte sur le large ; ainsi Monterosso s'oppose à Vernazza, et Gênes à Savone. Puissante cité maritime et financière, Gênes ne put, pour cette raison, bénéficier d'un État fort. Un conflit violent la mit aux prises avec Venise durant le Moyen Âge[1] : Gênes gagna les batailles, mais perdit la guerre par défaut de persévérance politique. Un peu

---

1. 1372-1381.

comme Rome gagna la guerre punique malgré Hannibal. Puis Gênes perdit son indépendance (alors que Venise renforçait la sienne) et tomba sous la tutelle espagnole.

C'est ainsi que les exilés d'Aquilée, de Vérone et de Padoue devinrent en même temps des commerçants au long cours et les créateurs d'un État très original et puissant.

Dès l'an 805, la cité sortie de la mer était prospère et indépendante. Les Carolingiens avaient échoué à s'en emparer.

Les Byzantins lui donnèrent leur culture et leur titulature (« doge » vient du latin *dux*), mais l'empire d'Orient laissa la bride sur le cou aux Vénitiens. Il avait trop besoin de leur marine et Venise, base byzantine avancée, était très loin de Constantinople.

Pourtant, dans les débuts, c'est bien le commerce entre la ville impériale et l'Europe carolingienne qui fit la fortune de Venise. Elle en était l'intermédiaire obligée.

Et resta toujours une ville byzantine davantage qu'italienne. Il suffit, pour s'en convaincre, d'admirer les somptueuses mosaïques d'or de la basilique Saint-Marc, aux allures d'icônes grecques. Cela n'empêcha pas la fille prodigue d'Occident de tuer, en l'an 1204, sa mère d'Orient (à travers le détournement de la quatrième croisade par l'action du doge Dandolo) et d'en annexer les dépouilles, fondant ainsi sa thalassocratie.

Venise étendit ses tentacules depuis sa lagune jusqu'au fond de la mer d'Azov comme une gigantesque pieuvre tapie au nord de l'Adriatique, qu'on appela alors le « golfe de Venise ».

Ce matricide fonda la domination séculaire de Venise, et si les touristes l'ont oublié comme ils ont oublié sa présence en des lieux croates, grecs ou turcs, les chrétiens de l'orthodoxie s'en souviennent amèrement.

Après la chute de Byzance, en 1453, Venise continuera de commercer avec l'Empire ottoman, la « Sublime Porte » ne faisant que remplacer pour elle l'Empire byzantin. En même temps, quand le Turc essaya de lui ravir les dépouilles d'Orient conquises en 1204, elle releva contre lui l'étendard de la chrétienté arraché à Byzance.

Fernand Braudel comparait la série d'escales et de terres vénitiennes en Adriatique, en Méditerranée, en mer Égée, à un « *limes* diagonal[1] ».

---

1. Du nom latin donné à la frontière fortifiée de l'Empire romain.

Berceau de Venise, la mer en fut aussi la meilleure et la seule défense. Contrairement à toutes les autres villes d'Europe, Venise n'eut jamais de murailles. Ainsi la ville paraît-elle au visiteur encore plus grande qu'elle n'est, parce qu'ouverte sur les étendues infinies de la lagune, surtout du sud de la Piazzetta au quai des Esclavons.

Indicible est l'impression d'immensité qu'on éprouve en découvrant, au-delà des deux colonnes de marbre, l'espace du bassin de Saint-Marc borné par San Giorgio Maggiore.

Sur l'une des colonnes, dit Musset : « Seul, assis à la grève, / Le grand lion soulève, / Sur l'horizon serein, / Son pied d'airain »...

On peut soutenir que Venise fut écologique avant l'heure.

Les Hollandais, plusieurs siècles après les Vénitiens, installèrent aussi leur puissance au milieu des lagunes océanes de leur pays et l'on surnomme Amsterdam, de façon très exagérée, la « Venise du Nord ». Mais ils ne cessèrent d'assécher les lagunes pour les transformer en « polders », en terres cultivables. Ils furent donc profondément « prométhéens ».

Les Vénitiens savaient eux aussi créer des polders (çà et là pour l'approvisionnement de la ville en légumes frais, en œufs et en lait), mais, dans l'ensemble, ils firent absolument le contraire de leurs concurrents du Septentrion. Ils ne cessèrent de lutter pour que la mer ne disparaisse pas.

En effet, les fleuves des Alpes proches déversent sans relâche leurs alluvions arrachées aux montagnes et comblent ainsi les marais.

Sans l'action obstinée et séculaire des Vénitiens, Venise serait devenue une cité continentale comme tant d'autres villes d'Europe, jadis portuaires, aujourd'hui isolées au milieu des terres, telle Ravenne.

Les Vénitiens détournèrent les fleuves (dont le plus puissant, la Brenta) au prix de travaux cyclopéens et la lagune demeura en eaux. Mais d'un autre côté, si la mer est le milieu naturel de Venise et son ultime défense, elle peut aussi se transformer en une force dangereuse : les tempêtes et les hautes marées menacent d'engloutir la cité, comme cela se produisit encore en 1966.

Il fallut donc aux Vénitiens renforcer les cordons littoraux sableux, les *lidi*, et les transformer en digues solides contre les ouragans. Ainsi furent édifiés tout au long du Lido les *murazzi*, dont la construction fut achevée au XVIIIe siècle ; tout en y ménageant de larges ouvertures, les « portes », afin que les navires puissent passer de l'Adriatique à la ville et réciproquement. La lagune entière constitue alors le plus grand port du monde en eaux calmes.

Ce travail d'équilibre et de maintien du milieu naturel est la définition même de l'action écologique : garder les eaux, se garder des eaux !

Les magistratures spécialisées dans l'équilibre des eaux furent parmi les premières de la République. Elles accumulèrent un savoir hydraulique considérable, absolument unique au monde et très en avance sur l'époque.

Jusqu'à la destruction de la République et de son État en 1797 par Bonaparte, la santé fragile et superbe de l'univers aquatique lagunaire fut préservée.

Ensuite, la ville perdant sa raison d'être, négligée par ses nouveaux maîtres autrichiens puis italiens, l'équilibre a été rompu. Et les travaux, toujours à recommencer, ne furent plus accomplis. C'est une rupture de la digue des *murazzi*, laissée à l'abandon depuis trop longtemps, qui fut la cause de la marée qui en 1966 faillit emporter la ville.

Mais il y a pis que le défaut d'entretien : les nouveaux maîtres violèrent, sans scrupule aucun, les règles séculaires de la santé lagunaire. En particulier, ils creusèrent de trop profonds chenaux afin d'y faire passer leurs énormes navires et leurs pétroliers géants. Il est stupéfiant de voir l'un de ces immenses HLM flottants à dix étages de cabines remonter depuis le port (actuellement déporté à l'opposé de son ancien emplacement) le canal de la Giudecca, écrasant de sa masse le merveilleux palais des Doges. Une erreur de navigation serait fatale. La cité ne fut pas conçue pour voisiner avec des tranchées de dix-sept mètres de fond. Ces abîmes menacent, bien plus que le « changement climatique », la solidité de Venise. Mais il n'est pas à la mode d'en parler.

Plus grave encore : la zone industrielle, pétrolière et urbaine de Mestre est reliée directement à la mer par de larges voies d'eau qu'empruntent les superpétroliers. Ces tranchées aquatiques attirent les flots de l'Adriatique dans la lagune et en bouleversent l'équilibre ancien, préservé par Venise tant qu'elle fut indépendante. D'ailleurs, la montée des eaux ici résulte de l'affaissement du sol, la « subsidence », et non de l'élévation du niveau des océans. Or cet affaissement a été provoqué par les pompages excessifs de la nappe phréatique profonde qui existe sous le *caranto* (et à laquelle les Vénitiens ne touchèrent jamais) pour les besoins de l'industrie. Il semble qu'on ait cessé le pompage de la nappe phréatique, ce qui diminua immédiatement l'affaissement du sol. Cependant, il reste beaucoup à entreprendre pour la sûreté de la ville. Il serait facile de sauver Venise si on le voulait vraiment, mais pour cela il faudrait s'attaquer à de gros intérêts capitalistes et ne plus faire dans la « dentelle écologique ».

La première chose serait de combler les chenaux d'une profondeur délirante ouverts dans la lagune, ce qui empêcherait les énormes navires à touristes et les pétroliers de frôler les palais de leur masse et de les ébranler de leurs trépidations ; ce qui empêcherait aussi les tempêtes d'arriver en ville.

Malheureusement, les mastodontes marins croisent toujours sous la Pointe de la Douane et, pour leur permettre de continuer à y naviguer, on veut installer de gigantesques écluses gonflables aux portes de la lagune. C'est le projet « Mose », en cours mais controversé par les experts.

En fait, il serait absolument nécessaire de détruire, pour la reconstruire plus loin, la zone industrielle de Mestre. Ce concentré de la laideur industrielle et urbaine du monde actuel éclate d'autant plus au regard que Mestre est située à trois kilomètres de ce que l'humanité a construit de plus beau ! Il faudrait aussi transférer le port pétrolier en dehors de la lagune et le port voyageurs au Lido. L'aéroport, quant à lui, n'est pas trop mal placé. Nous évoquons là une triste réalité : le monde moderne s'enlaidit partout et de jour en jour.

Bétonnage immobilier des rivages (la côte méditerranéenne de l'Espagne était superbe quand je la parcourais en auto-stop en 1961 ! C'est aujourd'hui un mur hideux), pollutions pétrolières, abords des villes partout déshonorés par les HLM et les « grandes surfaces ».

Toutes les cités du monde, même les plus belles, sont aujourd'hui encerclées d'une banlieue de laideur.

Quand je faisais du vélo dans la plaine du Pô quelques années après la guerre, Ravenne, Vérone et Padoue trônaient au sein d'une superbe campagne. Elles sont maintenant entourées de hangars et de quartiers d'habitation sinistres.

Nulle part au monde, cependant, la laideur maximale et la beauté suprême ne se regardent en face comme Mestre et Venise, séparées seulement par la nappe d'eau calme de la lagune, encore que cette dernière soit entaillée par un pont ferroviaire et automobile qu'on pourrait fort bien transformer en tunnel invisible (et je ne dis rien des parkings aériens en béton qui accueillent l'automobiliste, et dans lesquels il doit garer sa voiture avant d'entrer en ville).

Je noterai ici une réflexion qui me semble révélatrice : jusqu'à la fin du XIXe siècle, les centres commerciaux étaient beaux. Souks arabes, bazars persans, halles de Baltard, sans même souligner que Venise tout entière était un immense centre commercial !

Aujourd'hui, le commerce du genre « grandes surfaces » se cache sous d'horribles hangars. Se promener dans un souk ou un bazar réjouit les yeux, faire ses courses dans un centre commercial (on ne saurait s'y « promener » sans attirer l'attention des vigiles) conduit vite à la dépression !

Cette laideur est l'éclatante démonstration de la faillite de l'architecture et de l'urbanisme modernes.

Les architectes savent encore, parfois, construire quelques beaux monuments, mais ils ne bâtissent que des villes à pleurer de cafard. À Brasilia, la cathédrale et le Parlement sont beaux, mais la ville ressemble – en pis – à Bobigny.

Par ailleurs, pour sauver Venise, il faudrait lui retrouver une raison d'être qu'elle a perdue avec la disparition de son État.

Servir de résidence secondaire à des milliardaires ou d'attraction majeure du tourisme ne saurait y suffire.

Y transférer l'ONU serait une bonne idée (l'UNESCO ne suffit pas). L'ONU n'est pas à sa place aux États-Unis, puissance trop dominante. Chaque État aurait à cœur de restaurer un palais pour héberger sa délégation et la salle du Grand Conseil, au palais des Doges, prévue pour accueillir trois mille patriciens, devrait pouvoir abriter l'Assemblée générale. Quant au Conseil de sécurité, il trouverait sa place logique dans les locaux du Conseil des Dix, et ce serait très bien s'il pouvait hériter d'une miette de la terrible efficacité de cette instance en occupant ses murs.

Le plan urbain de Venise est tout aussi remarquable et écologique que l'était sa gestion des eaux.

Le Corbusier, architecte pourtant fort destructeur (il prévoyait de raser Paris), y voyait, rejoignant ainsi le cri de Philippe de Commynes, « l'exemple le plus achevé d'urbanisme qui fût au monde ».

L'État vénitien y avait veillé dès l'origine. On devrait obliger les urbanistes, s'il en reste (on peut en douter quand on voit comment évoluent les villes d'aujourd'hui), à séjourner plusieurs mois à Venise au cours de leurs études, et les architectes également.

Ainsi, par exemple, la circulation des véhicules (à Venise, uniquement des bateaux) est-elle séparée de celle des piétons.

Les marchandises et transports publics transitent par les cent soixante-dix-sept canaux de la ville. Le Grand Canal, dont les boucles évoquent les méandres du fleuve lagunaire dont il suit le tracé, est encore la plus belle avenue du monde (qui n'est pas les Champs-Élysées). Sur plus de trois kilomètres, il aligne ses centaines de palais dont les façades colorées se reflètent dans l'eau.

Les piétons, pour leur part, cheminent en utilisant un incroyable réseau de rues qui se superpose sans le gêner à celui des canaux, les rues piétonnes franchissant les canaux par d'innombrables ponts voûtés qui laissent passer les bateaux. Chaque maison de la ville possède ainsi une porte d'eau munie d'un escalier dont les degrés se couvrent ou se découvrent selon la marée, et une autre porte, moins solennelle, donnant sur la rue.

Par ailleurs, la conception de la ville est simple : au centre, la place Saint-Marc et la Piazzetta, cette dernière ouverte sur la lagune. Là se trouvent les monuments les plus importants du gouvernement et les colonnes de marbre, dont l'une porte le fameux lion ailé. « À Venise, les lions volent », remarquait Cocteau. Au-delà, l'espace, le grand large... Et chaque quartier de Venise reproduit le plan général.

On en compte six (Cannaregio, San Marco, Castello d'un côté du Grand Canal, Dorsoduro, San Polo, Santa Croce de l'autre côté), réunis par le pont le plus célèbre et le plus important de la cité, celui du Rialto, imposant et bordé de boutiques, qui relie les deux hémisphères de la ville. Ces six *sestieri* (sept si l'on y ajoute celui de la Giudecca, huit avec Murano, ce qui me semble légitime, car ces deux quartiers sont vraiment partie intégrante de Venise) ont leur place centrale, un *campo* ouvert sur un canal, une église, un bâtiment public. Au temps de la jeunesse d'Hugo Pratt, on y parlait encore un dialecte différent du vénitien officiel. Le vénitien était bien une langue spécifique (contrairement à l'italien, on y supprime les finales, les noms de famille s'y terminent par une consonne, Condulmer ou Loredan, et non Condulmero ou Loredani).

Et chacun de ces *sestieri* avait une fonction propre : Venise était, selon le jargon moderne,

« zonée ». À San Marco, le gouvernement et les ministères ; autour du Rialto, la finance ; à Castello, une usine d'État (on dirait aujourd'hui « nationalisée ») dans laquelle travaillaient des milliers d'ouvriers très qualifiés. Ils fabriquaient les navires qui fondaient la puissance navale de la République. Manufacture magnifique, unique en son époque, l'Arsenal émerveilla Dante. Il est entouré par la seule muraille qu'on trouve à Venise, où tout est ouvert, y compris le palais ; muraille intérieure, percée d'une large porte de mer pour laisser sortir les galères achevées et d'une porte de terre sur le *campo* voisin.

La porte de terre de l'Arsenal, quoique de dimension raisonnable, est pour moi (précédée de ses lions ramenés de Délos, évidemment frappée du lion ailé, cette fois menaçant) la plus forte incarnation de la « puissance » qui se trouve sur la terre.

À l'autre bout de Venise, dans le quartier de Murano, situé un peu à l'écart à cause des risques d'incendie de son industrie, on peut admirer les verreries, à l'époque technique la plus pointue du monde. Les glaces, miroirs et verres de Venise étaient sans rivaux. Tous cherchaient à en débaucher les artisans, à en voler les secrets de fabrication ; ce que réussit à faire Colbert pour le compte de Louis XIV. Les bimbeloteries pour touristes auxquelles est réduit Murano ne peuvent en donner l'idée.

Quant au port, il occupait la plus grande partie de la cité.

Les navires ronds ou les galères accédaient à la Piazzetta par le bassin de Saint-Marc. Là débarquaient les passagers, forcément impressionnés par la majesté des lieux. Comme l'a souligné Thomas Mann, Venise est faite pour être vue de la mer.

Les bateaux se soumettaient ensuite aux formalités douanières de la Dogana di Mare, pointe jetée vers le large (chère à Jean d'Ormesson). Car Venise était sourcilleuse sur ce point : tout devait partir d'elle et revenir à elle ; taxes portuaires et monopole commercial lui étaient indispensables, le libéralisme n'était pas sa théologie.

Puis les navires se répandaient par le Grand Canal jusqu'aux recoins les plus inattendus de la cité. Le rez-de-chaussée (ou plutôt le rez-de-canal) de chaque demeure patricienne constituait un entrepôt où l'on chargeait et déchargeait les marchandises les plus diverses venues des quatre coins du monde.

Trente-six mille marins formaient l'effectif de ces flottes marchandes ou militaires qui dominèrent la Méditerranée jusqu'à Lépante.

Par ailleurs, les polders de la lagune fournissaient à la ville ses légumes, et ses eaux des pêches abondantes, la rendant impossible à affamer.

Toute cette magnifique architecture se dressait comme un défi au bon sens, « invraisemblable » selon Thomas Mann, au milieu de la mer.

L'eau est partout à Venise, elle en est le sol, le reflet, l'élément, mais c'est une eau salée. Trouver de l'eau douce, tel est le défi relevé de la manière la plus écologique qui soit : par captation des eaux de pluie.

Le visiteur n'a pas conscience de cette absence totale d'eau douce qui affectait jadis la ville. Au milieu de chacune des petites places ouvertes sur un canal qui font le charme unique de la cité, il remarque la présence de la margelle, souvent imposante et décorée, d'un puits.

En réalité, ces margelles ne sont que l'orifice extérieur d'une ingénieuse installation visant à résoudre le problème de l'approvisionnement de la métropole en eau douce. La margelle, loin d'indiquer la présence d'un puits ouvrant sur une nappe phréatique (les Vénitiens n'eurent jamais le soupçon qu'existait sous le *caranto* une nappe d'eau douce, celle-là même que pompe l'industrie moderne), surmonte une énorme citerne de pierre aux parois imperméables. Emplie de sable, la citerne communique avec l'extérieur à travers plusieurs ouvertures pavées destinées à recueillir les pluies. Le sable filtre l'eau de pluie, laquelle finit par arriver au conduit central, qui ouvre sur la margelle du faux puits.

Ces pseudo-puits sont très nombreux dans la ville, publics sur les *campi* ou privés dans les cours des maisons.

Leur construction a toujours été planifiée et surveillée par des magistrats spécialisés. Ce sont les mêmes qui, en période de longue sécheresse, faisaient remplir les citernes, faute d'eau de pluie, avec l'eau douce que des employés municipaux allaient puiser dans les fleuves qui entourent la lagune, sur la terre ferme, au moyen d'embarcations spécialisées.

La présence de cette eau potable, toujours abondante, en plein milieu de la mer, est le symbole indiscutable du génie écologique d'une cité qu'on appellerait « lacustre » si cet adjectif ne spécifiait pas les lacs d'eau douce, mais les lagunes saumâtres. Une « cité de castors », disait d'elle Montaigne qui la visita, émerveillé comme tous les autres.

2 – Des magistrats, jamais de tyrans

Venise a toujours tenu à être appelée « république » à une époque où l'on n'en connaissait pas d'autres, à l'exception des cantons suisses. Comme les Romains, elle ne voulut aucun roi chez elle. Mais les Romains, au temps de la République, pouvaient désigner un dictateur, et plus tard ils se résignèrent à confier tous les pouvoirs de l'État à un empereur. Venise n'eut recours à aucun de ces deux expédients.

À l'époque, en Italie, beaucoup de grandes cités se dotèrent de tyrans. La tyrannie était à la mode, comme en témoigne *Le Prince* de Machiavel. Venise, elle, se défia toujours des tyrans.

Le seul doge soupçonné de vouloir l'être fut décapité, et son portrait effacé. Cependant, il n'a pas été enlevé de la longue suite des tableaux représentant le visage des doges qui fait le tour de la salle du Grand Conseil, où le cadre vide fut laissé pour l'exemple.

Dès le début de cet essai, j'ai reconnu que cette république-là était en réalité une oligarchie.

Cette ville de deux cent mille habitants était gouvernée par deux mille d'entre eux, issus de deux cents familles (sans aucun rapport avec les « deux cents familles » françaises, honnies par le Front populaire, lobby occulte et discret). Les dirigeants vénitiens se recrutaient dans un cercle restreint et étaient patriciens de père en fils. Mais ils étaient avant tout des magistrats désignés, révocables en cas de faute, et soumis à de multiples obligations légales qu'ils ne pouvaient en aucun cas esquiver.

Ces oligarques obéissaient strictement à la Constitution de Venise, fixée grâce au livre célèbre de Gasparo Contarini, *Des magistrats et de la République*, publié en 1543. Ils étaient tous égaux entre eux, quoique certaines familles soient devenues pauvres. Ailleurs en Europe, on distinguait des barons, des comtes, des marquis, des princes. À Venise, les familles patriciennes constituaient une classe dirigeante au sein de laquelle existaient des différences de fortune, mais aucune différence de rang.

On était « patricien de Venise », et cela suffisait ! On entrait dans cette classe à vingt et un ou vingt-cinq ans par une inscription sur le « livre d'or ». Les plus puissants souverains de la terre tenaient à honneur, comme le constate Chateaubriand, d'être inscrits sur ce livre et ainsi considérés comme de simples patriciens vénitiens.

Quoique héréditaire de père en fils (les filles étaient exclues), le patriciat se renouvelait en fait de génération en génération par la cooptation de nouvelles familles, selon les nécessités du moment. De nombreux morts au combat – et l'on a vu que les patriciens payaient de leur personne à la proue de leurs galères – avaient éclairci les rangs et il était urgent de les remplacer. Ou bien des activités commerciales et financières nouvelles poussaient à renforcer la classe dirigeante, ou alors l'État avait besoin d'argent[1].

Ce patriciat constituait le « Grand Conseil », corps électoral de base qui légitimait obligatoirement tout pouvoir.

En effet, le travail essentiel de ce Conseil consistait à élire les innombrables magistratures nécessaires au fonctionnement d'un grand État. Chaque semaine, à l'appel de la cloche du campanile, le Grand Conseil réunissait les

---

1. L'inscription au « livre d'or » se payait fort cher.

patriciens présents en ville dans l'immense salle du palais des Doges, dans laquelle ils pouvaient s'asseoir même quand ils étaient plus de deux mille.

Ce Grand Conseil élisait à tous les emplois au moyen de procédures complexes (cette complication était destinée à éviter les risques de manipulation et de corruption), desquelles nous tirons encore certains termes de notre vocabulaire électoral, tel celui de « ballottage[1] ».

Pour empêcher les abus de pouvoir, ces charges étaient conférées, comme celles de nos préfets, pour deux ou trois ans seulement.

Les Vénitiens avaient constaté qu'un fonctionnaire envoyé au loin demeure le délégué du gouvernement pendant une certaine période, mais que, s'il reste en poste trop longtemps, il devient inévitablement l'ambassadeur de ses administrés locaux auprès du gouvernement...

Le Grand Conseil sélectionnait en son sein deux cent soixante-quinze patriciens. Des vieux rendus prudents par l'expérience, des hommes dans la force de l'âge, mais aussi de jeunes gens audacieux (le mélange des âges était de règle) constituaient le Sénat.

---

1. Les « bulletins de vote » à Venise étaient en fait des boules de couleur, d'où le mot « ballotage ».

Le Sénat de Venise était un corps législatif (il votait les lois) et une assemblée politique qui dirigeait les choix économiques de la ville et sa politique étrangère, primordiale pour une thalassocratie. Le Sénat nommait à tous les postes essentiels de l'État, et ces charges ne pouvaient être refusées : elles étaient, pour les heureux élus, des obligations auxquelles il était impossible de se soustraire.

Le Sénat de Venise a créé, pour la première fois dans l'Histoire, un réseau d'ambassades à poste fixe dans les pays étrangers.

C'est à lui que les diplomates, de retour de mission, livraient leurs fameuses « relations », qui constituent pour les historiens actuels une documentation incomparable, soigneusement conservée pour notre bonheur et celui des chartistes, dans les « Archivio di Stato », les archives de la République, toujours intactes par miracle.

Par exemple, il est passionnant de lire les dépêches envoyées à la Sérénissime par les deux ambassadeurs successifs qui assistèrent à Paris aux événements prodigieux de la Révolution française. Un éditeur a eu la bonne idée de les publier (*Venise et la Révolution française. Les 470 dépêches des ambassadeurs de Venise au doge, 1786-1795*, « Bouquins », Robert Laffont,

1999). La description que ces diplomates font au Sénat de ces faits inouïs est très clairvoyante ; bien qu'à aucun moment ils ne pensent que ces tumultes puissent un jour concerner leur patrie !

C'est aussi le Sénat qui réglait la fiscalité. À une époque où partout ailleurs on vendait les charges et les offices, ce n'était pas le cas à Venise, où les fonctionnaires recevaient un salaire. En un temps où toutes les monarchies manquaient d'argent, le trésor de Venise, alimenté par une sorte d'« impôt sur le revenu » qui frappait les riches, était toujours plein. C'est le Sénat qui surveillait la politique des eaux, dont nous avons vu à quel point elle était vitale.

C'est à lui que rendaient compte les trois *riformatori dello studio*, auxquels incombait l'administration de l'université de Padoue, la plus renommée d'Italie. La République préférait en effet sagement cantonner les turbulences universitaires dans ses possessions de Terre ferme, mais elle faisait venir à Padoue les plus illustres professeurs. Le Sénat censurait impitoyablement les directives de la papauté qui lui déplaisaient, nous en reparlerons.

Il auditionnait enfin de multiples commissions *ad hoc*, comparables à nos commissions parlementaires.

En revanche, l'administration de la justice était supervisée par une assemblée différente et plus restreinte : la *quarantia*.

La *quarantia* faisait office de Cour de cassation. Elle jugeait en appel les délits examinés en première instance par les nombreux tribunaux spécialisés dans un droit particulier (administratif, commercial, pénal, etc.).

Le « Conseil des Dix », composé en réalité de dix-sept membres, est l'institution la plus controversée de la République. On lui reproche ses procédures secrètes. On lui fait une réputation d'arbitraire, développée par une certaine école romantique. Entourées d'un secret absolu, les décisions du Conseil des Dix étaient en effet les seules qui fussent sans appel. C'est à lui que parvenaient les lettres de dénonciation jetées dans les ouvertures destinées à cette fin et appelées les « bouches du lion », qu'on trouve çà et là en ville.

En réalité, le Conseil des Dix est bien différent de sa légende noire. Il avait deux fonctions. La première, et la plus importante, était de surveiller la classe dirigeante elle-même afin qu'elle reste toujours dans le devoir.

Montesquieu l'avait bien compris. Évoquant le Conseil des Dix, il parle de « ces magistratures terribles qui ramenaient violemment l'État à la liberté ».

Le Conseil traquait en particulier avec une grande sévérité tous les faits de corruption qu'on aurait pu imputer aux patriciens.

La seconde fonction des Dix était de veiller à la sûreté de l'État : c'était une espèce de DGSE ou de CIA dont dépendaient les « inquisiteurs d'État », qui ne s'occupaient nullement de religion, mais beaucoup de haute politique et d'espionnage.

Nommés pour de courtes périodes et constamment renouvelés, ils n'avaient pas le temps d'abuser de leur omnipotence.

Il faut également souligner que les Dix étaient plus légalistes que nos services spéciaux. Les dénonciations anonymes, par exemple, étaient examinées de près par les chefs du Conseil, qui en éliminaient le plus grand nombre. Les dénonciations retenues devaient être confirmées à une majorité des cinq sixièmes avant d'être soumises à un second examen. Là, une nouvelle majorité, cette fois des quatre cinquièmes, était requise avant qu'on puisse ordonner une sanction.

Les Dix étaient ainsi infiniment plus prudents et formalistes que les présidents français ou américains quand ils ordonnent des « opérations Homo[1] » !

Pour ces raisons, et contrairement à ce qu'on pourrait croire, le Conseil des Dix était fort populaire à Venise. Il rassurait les humbles qui, grâce à lui, savaient que les grands ne pourraient abuser de leurs pouvoirs.

Un seul homme, le doge, dominait cette pyramide de conseils.

Il présidait le Grand Conseil, où il siégeait en gloire sous l'immense fresque du *Paradis* peinte par le Tintoret. Il présidait le Sénat. Il présidait la *quarantia*. Il présidait enfin le Conseil des Dix.

Résidant dans le splendide palais des Doges, habillé comme un empereur byzantin, coiffé du célèbre et caractéristique *corno*, le doge a souvent été présenté comme une espèce de roi constitutionnel dénué de pouvoir réel, une sorte de reine d'Angleterre.

Rien n'est plus inexact.

D'abord, le doge n'était pas un roi : c'était un magistrat élu et sa fonction n'était nullement héréditaire. *A contrario*, étant élu à vie alors que tous les autres magistrats l'étaient pour un,

---

1. Cet ordre d'exécuter un terroriste ne peut concerner que l'étranger.

deux ou trois ans au plus, il avait une durée qui manquait aux autres. Ensuite, il présidait tout, nous l'avons vu, et il présidait seul : dans cette république aux multiples conseils, le doge exerçait l'unique fonction non collégiale.

Il était aussi le chef des forces armées. Morosini, au XVIIe siècle, commanda la flotte, comme Dandolo au XIIIe. Évidemment, il restait un magistrat, devait rendre compte de ses actes et pouvait être destitué par le Sénat.

Mais il était le chef de l'État et exerçait un pouvoir réel, quoique contrôlé. À son entrée en charge, il signait avec la ville un contrat, la *promissio*.

On pourrait s'attarder longuement à détailler l'infinie complexité de la Constitution de Venise. Mais il faut constater qu'elle assurait à la Dominante un gouvernement fort, légal, avisé, aux réactions rapides, avec un minimum de corruption.

Ce gouvernement émerveillait son époque par sa puissance, et surtout par sa durée. En effet, les institutions collégiales sont souvent instables : Sparte, Athènes, Thèbes, Carthage montrent comment ce genre de républiques peut s'écrouler...

Venise durait, et ses institutions avaient l'appui de son peuple. Elle ne connut qu'une seule tentative de coup d'État en mille ans, celle du doge au portrait flouté dont nous avons parlé plus haut.

On voyait dans la Constitution vénitienne une synthèse de la monarchie représentée par le doge, de la démocratie qu'incarnait le Grand Conseil (même si le peuple en était exclu et ne désignait plus le doge par acclamation comme au début) et de l'aristocratie agissant *via* le Sénat.

Jean Bodin, l'un des premiers politologues français (*Les Six Livres de la République* sont parus à Paris en 1577), y voyait « un État aristocratique mais harmonieux, associant des éléments populaires à son gouvernement oligarchique ». La république de Venise, « belle et florissante », dit Bodin, trouvait selon lui dans ses institutions le secret de sa continuité.

Cette stabilité frappait en des siècles troublés.

Bodin avait noté, au contraire de Rousseau, que le peuple vénitien, malgré son régime oligarchique, jouissait d'une large liberté, tant qu'il n'ambitionnait pas le pouvoir suprême. Il existait en effet à Venise une multitude de petites républiques, surveillées certes par les Dix, mais quasi autonomes avec leur doge, leur

Sénat. Elles régissaient des domaines variés allant de la conciliation des conflits à la répartition du pain.

Au sein du *popolo*, on trouvait une bourgeoisie importante d'environ douze mille *cittadini* (beaucoup plus de mille familles prospères) qui participaient au commerce, à la finance et surtout à l'administration, car ce sont eux qui assuraient l'essentiel de la fonction publique rétribuée.

C'est d'ailleurs au sein de cette bourgeoisie que le Grand Conseil recrutait en cas de nécessité.

Les plus humbles pouvaient devenir *cittadini* en s'enrichissant, ou par leurs mérites (actions d'éclat à la guerre ou commerces originaux).

Même les rameurs des galères furent à Venise, très longtemps, des hommes libres qui pouvaient profiter de leurs voyages pour faire un peu de commerce depuis leur banc de nage.

Ajoutons que les dirigeants et le *popolo* se côtoyaient sans cesse. Les humbles résidaient en centre ville et n'étaient nullement relégués dans de lointaines banlieues. Leurs maisons entouraient les magnifiques demeures des riches, qui à Venise ne sont pas des forteresses, comme à San Gimignano, mais des habitations ouvertes de toute part, signe de paix sociale et politique. Pas de troubles ouvriers, pas de luttes entre les grands. D'ailleurs, les belles résidences de ces derniers, si vastes fussent-elles, n'avaient pas le droit d'être appelées « palais », car il était entendu que seul le bâtiment du gouvernement méritait ce nom. On les appelle donc simplement « maisons » ou *ca'* (pour *casa*), même quand elles sont sublimes comme la Ca' d'Oro sur le Grand Canal.

Il n'était pas question que les patriciens s'en aillent résider ailleurs que dans la ville, en des lieux où le gouvernement n'aurait pu les joindre. Tout au plus le Sénat les autorisait-il à posséder en Terre ferme ces splendides maisons de campagne nommées « villas palladiennes » (du nom de l'architecte qui en conçut plusieurs), où ils pouvaient aller se détendre pendant les chaleurs de l'été. Quand il n'était pas en voyage d'affaires ou en mission d'État, le patricien vénitien était à la disposition de la cité, tenu d'assister chaque semaine, selon son affectation, aux séances du Grand Conseil, du Sénat, de la *quarantia* ou du Conseil des Dix.

Ce qui caractérise le plus Venise et qu'on ne rappelle jamais, davantage que sa beauté, c'est l'extraordinaire sens de l'État, du bien public, qui anima presque jusqu'à la fin sa classe dirigeante.

En France, les rois eurent pour la plupart le sens du bien commun, et les grands ministres ou régents, Richelieu, Mazarin ou Anne d'Autriche, également. Mais la noblesse était querelleuse, indisciplinée, peu soucieuse de l'intérêt du royaume. On le constate dans l'épisode de la Fronde. Il fallut un Louis XIV, qui avait souffert enfant de ces querelles, pour la soumettre enfin.

L'immense réputation qu'eut pendant des siècles en Europe et jusqu'en Perse et en Chine le gouvernement de la Dominante n'est donc pas usurpée. Le bien public en était le fondement et les patriciens ne parlaient jamais que collectivement. Ils disaient toujours « notre État ». Un État qui n'appartenait à aucun d'entre eux en particulier...

La République oligarchique était donc réellement « sérénissime ». La meilleure preuve en est que sa Constitution fonctionna sept siècles durant, sans troubles intérieurs et à la satisfaction de ses sujets.

3 – « Noblesse oblige »

Les patriciens, navigateurs au long cours, hommes d'affaires, financiers, marchands inlassables, avaient tissé leur toile d'araignée sur le monde, de la Baltique à Pékin. Venise en était le centre et, pour changer de métaphore, elle ressemblait à une pieuvre, tapie au fond du golfe Adriatique, qui étendait ses tentacules sur la Méditerranée et au-delà, mais aussi sur l'Europe et l'Asie continentales. Les marchandises venues de Germanie ou de Scandinavie, d'Angleterre ou de France, arrivaient en longues files de chariots par les cols des Alpes, en péniches par le fleuve Pô, que Venise contrôlait par ses possessions en Italie du Nord. Les trafics venaient aussi de Russie ou d'Ukraine : le blé pour l'approvisionnement de la cité, mais également les esclaves (on trouve à Venise le quai des Esclavons), achetés ou revendus, qui faisaient l'objet d'un commerce fructueux, il faut l'avouer, même si dans la ville ils formaient la domesticité de familles riches, n'étaient pas maltraités et avaient des droits.

Le « grand jeu », le grand négoce, restait cependant celui d'Orient ou d'Extrême-Orient : bijoux et soieries de Chine, épices des Indes, poivre, clou de girofle, aussi indispensables que le sel à une époque qui ignorait les réfrigérateurs.

Ces produits d'Orient, transportés à bord des grosses galères construites à l'Arsenal, suivaient la voie impériale de la Dominante, jalonnée de forteresses et de colonies-enclaves comme autant d'abris et de ports. Ces villes-colonies participaient évidemment au commerce, mais toute marchandise devait passer par Venise avant d'être redistribuée.

Ces produits provenaient ou allaient en direction des Échelles du Levant : Tripoli, Beyrouth, Constantinople, Alexandrie, où les puissances locales, ottomanes ou arabes, accordaient à Venise un quartier spécial, commandé par un « bayle ». Ils gagnaient la mer Rouge ou bien, à l'opposé, le fin fond de la mer Noire et de la mer d'Azov. De là, ils prenaient à pied la route des caravanes, la fameuse « route de la Soie », jusqu'en Chine. Venise importait et redistribuait, mais elle exportait aussi ses objets fabriqués (tissus et surtout verreries).

Ainsi la ville fut-elle longtemps le cœur commercial du vieux monde, le « tri-continent » (Europe, Asie, Afrique). Elle était aussi son cœur diplomatique et même, déjà, touristique.

C'est en effet de Venise qu'embarquèrent pendant longtemps les pèlerins en route pour la Terre sainte. Quand ce mouvement se réduisit, il fut remplacé par celui qu'on peut déjà appeler des touristes, attirés par les récits enchanteurs que les voyageurs de commerce vénitiens faisaient de leur ville. Une mode qui dure encore se créa ainsi. Visiter Venise devint vite pour les grands gentilshommes d'Europe une impérieuse nécessité, à laquelle même un Montaigne se soumit.

Les bénéfices retirés de tous ces trafics et visites étaient prodigieux. Les patriciens étaient donc immensément riches.

Il y avait certes quelques patriciens pauvres ou ruinés (car, une fois une famille inscrite au « livre d'or », elle y restait), que le Sénat aidait à tenir leur rang, mais c'était l'exception.

La plupart des « citadins » étaient riches aussi, la fortune étant d'ailleurs le chemin le plus sûr pour espérer siéger un jour au Grand

Conseil. Et cette aisance descendait jusqu'au petit peuple, car, nous l'avons dit, à côté de ceux qui engageaient des sommes énormes, il se trouvait toujours un humble pour risquer ne serait-ce qu'une pièce d'or.

N'embellissons pas davantage : des miséreux habitaient la ville, moins d'ailleurs parmi les rameurs ou les domestiques que parmi les immigrés qu'elle attirait et qui y subsistaient plus ou moins clandestinement.

La pièce d'or vénitienne, le ducat, a été le dollar de toute une époque et, fait incroyable aujourd'hui, sa valeur demeura constante pendant cinq siècles : trois grammes cinquante-six d'or fin, soit vingt-six carats !

Évidemment, il fallait beaucoup d'argent pour édifier ces centaines de palais sur les eaux agitées de la lagune : leur construction s'échelonne de l'an mil à 1800.

De l'argent, il en fallait aussi pour payer la richesse des costumes, la variété et la beauté des innombrables fêtes qui égayaient la vie publique et privée de la cité. Le carnaval est la plus connue. Avec ses masques, il permettait l'anonymat et la transgression provisoire des hiérarchies sociales. Nos actuels et conformistes « créateurs d'événements » seraient tout à fait incapables d'imaginer des fêtes comparables.

Ces costumes, ces fêtes, ces architectures donnaient au visiteur l'impression de parcourir une cité des mille et une nuits, toute de raffinement, de joie, de masques et de loisirs, alors qu'en réalité on travaillait énormément et durement à Venise.

Dans leurs maisons fastueuses, les patriciens vivaient comme les princes que le gouvernement ne voulait pas qu'ils soient. Le mode de vie de nos riches d'aujourd'hui, malgré leurs « parachutes dorés », semblerait minable à côté de leur raffinement.

Les fenêtres de leurs « palais » – puisque nous pouvons aujourd'hui les nommer ainsi – étaient voilées par d'impalpables étoffes, et mille variétés de dessins en décoraient les murs : arbres, oiseaux, figures mythologiques... Toutes les couleurs, le rouge, le jaune, le vert, le bleu le plus vif, y étaient mêlées.

Des artisans se consacraient à l'élaboration des plus subtils parfums. Quant à l'hygiène, si elle n'égalait pas celle de notre temps, elle était bien supérieure à ce qu'on trouvait partout ailleurs. Habitant une ville portuaire, ouverte sur le monde, très tôt les Vénitiens eurent à faire face aux épidémies, par exemple celle de peste venue de Chine, et comprirent l'importance de l'eau propre, de l'isolement, de la prophylaxie, de la « quarantaine ».

En résumé, la ville faisait autant rêver que la Cité interdite de l'empereur de Chine. Nous avons déjà remarqué que Venise et la Chine avaient de nombreux liens ; l'histoire de Marco Polo est en fait une histoire vénitienne banale.

Bons vivants, heureux de leur sort, les patriciens de Venise n'étaient pas coincés comme les capitalistes puritains de Max Weber. Sans manquer à la dignité de leurs fonctions, ils aimaient la vie. Mais leurs concitoyens, des citadins aux marins, aussi.

Il faut cependant l'avouer, l'oligarchie de Venise était une ploutocratie. La noblesse n'y venait pas de l'action militaire. Elle ne trouvait pas sa justification, comme dans le reste de l'Europe, dans la guerre et le cheval, même si les patriciens ne refusaient pas, on l'a dit, d'aller à la bataille à l'avant de leurs galères de combat. Elle était assise sur l'argent, gagné par le commerce ou la finance.

Venise était une ploutocratie, car c'était bien le critère de la richesse qui ouvrait l'inscription au « livre d'or ». On doit reconnaître ce fait, même si le mot a de nos jours mauvaise presse.

Curieusement, d'ailleurs, car la « mondialisation », très à la mode quant à elle, est tout à fait « ploutocratique ».

Shakespeare, dans *Le Marchand de Venise*, a bien noté l'âpreté au gain légendaire des Vénitiens, et en cela il dit vrai.

Cependant, le Shylock de Shakespeare est une caricature, passablement antisémite, car, s'il en a légitimement dénoncé l'usure, le grand tragédien a complètement méconnu le sens du devoir du marchand vénitien.

C'est en cela que ces ploutocrates-là sont si différents de ceux d'aujourd'hui : les riches de Venise connaissaient leurs devoirs et appliquaient la maxime « Noblesse oblige ».

L'argent n'était pas pour eux l'idole qu'il est devenu pour nos financiers actuels.

Au-dessus de l'argent, ils plaçaient la patrie, qu'ils appelaient la *Terra*, curieuse dénomination pour une cité dépourvue de sol. Mais l'État incarnait aussi la patrie.

Nulle part au monde, et jamais si longtemps, n'a existé une classe dirigeante aussi consciente de ses obligations.

Risquer sa vie pour la patrie était un devoir qui ne se discutait pas. Nous avons évoqué le nombre élevé de patriciens qui périrent à Lépante. Pas question non plus pour les riches de Venise de se soustraire à l'impôt, de pratiquer l'évasion fiscale (qui est devenue le sport favori de nos riches) ni d'aller résider à Genève (celle de Calvin) tout en paraissant en même temps au palais des Doges !

Davantage : ils étaient tenus d'accepter toutes les charges que le gouvernement leur confiait... et ces charges étaient fort lourdes, pouvant aller jusqu'à celles des gouverneurs de province ou de forteresse. Le livre de Bruno Racine, *Le Gouverneur de Morée*, évoque la construction de la puissante citadelle de Nauplie, « Palamède », par le provéditeur[1] Agostino Sagredo. Bien sûr, ces fonctions étaient rétribuées, mais chichement. Son seul salaire ne pouvait couvrir les dépenses d'un ambassadeur.

Par ailleurs, ces emplois publics, civils ou militaires, occupaient la moitié de la vie active d'un patricien : c'était une moitié perdue pour ses propres affaires commerciales ou financières. Après des études à l'université de Padoue, le jeune patricien apprenait le

---

1. Officier civil (généralement un magistrat) chargé du contrôle, de l'inspection ou du commandement d'une flotte, d'une province, d'une place forte. Le provéditeur avait également pour mission de superviser les actes des condottieres nommés par la République.

commerce en voyageant sur les navires de la famille. Il exerçait alors des activités profitables. Si le patrimoine familial le permettait, il entamait ensuite son *cursus honorum* au Grand Conseil. Vers la quarantaine, il pouvait devenir sénateur, ambassadeur, gouverneur, accéder au Conseil des Dix.

Il y avait aussi beaucoup de magistratures plus modestes, mais non moins astreignantes : officiers au blé, à la douane de mer...

La carrière militaire, surtout dans la marine évidemment, était ouverte à tous les patriciens, depuis les simples charges de « nobles des galères » jusqu'à la fonction suprême de « provéditeur général de la mer ». Notons que toutes ces fonctions étaient interchangeables.

Venise pratiquait en effet un *cursus honorum* à la romaine : on s'y méfiait des spécialistes enfermés dans leur spécialité, tellement à la mode aujourd'hui avec nos « experts » (que j'appellerais volontiers « technocrétins », mais ce serait injuste car certains sont bons).

À Venise, le passage d'une fonction à l'autre était de règle : les officiers de marine se transformaient en diplomates, les commerçants en magistrats, les *traders* du Rialto en grands capitaines. Une seule exception à cette compétence générale : les nobles qui embrassaient une carrière ecclésiastique étaient *de facto* exclus du Grand Conseil, la séparation de l'Église et de l'État étant absolue dans la république de Venise, bien avant qu'elle le fût dans la République française.

Prenons comme exemple d'une carrière vénitienne celle du patricien Francesco Morosini. Marchand heureux et financier habile, il se transforma en chef de guerre pour défendre avec vaillance l'île de Crète dans la guerre de vingt ans que la République mena à la fin du XVIIᵉ siècle contre l'Empire ottoman qui voulait la lui arracher.

Cette guerre suscita l'admiration de toute l'Europe. Beaucoup de volontaires, dont des Français (sorte de brigades internationales avant la lettre), vinrent combattre les Turcs aux côtés des Vénitiens. À bout de munitions, Morosini finit par capituler. Le Turc lui rendit les honneurs de la guerre.

Emprisonné à Venise pour avoir signé une reddition sans l'autorisation du Sénat, il fut rappelé au commandement sous la pression du peuple.

Alors, il fit la reconquête du Péloponnèse tout entier. Le Sénat lui décerna le titre de « Péloponnésiaque » et fit peindre à sa gloire un plafond du palais.

Élu doge en 1688, il prit lui-même le commandement de la flotte qu'il mena jusqu'au Bosphore et aux atterrages de Constantinople. (Rappelons que cette ville impériale ne s'appelle Istanbul que depuis 1922 et Mustapha Kemal.) L'âge seul l'obligea à quitter l'escadre pour rentrer à Venise. Rappelé encore une fois pour commander la flotte, il mourut, vainqueur, en Morée.

Cette carrière héroïque d'un banquier vénitien nous contraint à de bien tristes comparaisons.

Par exemple, Morosini et Messier exerçaient le même métier civil. Mais, chez nous, un Messier ne se juge soumis à aucune obligation et ne croit avoir aucun devoir. Ce dirigeant, dont la mégalomanie (on l'appelait JM 6, c'est-à-dire Jean-Marie Messier Moi-Même Maître du Monde) conduisit ses entreprises à la faillite, n'est nullement un malhonnête homme. Il affiche seulement, n'ayant par lui-même aucune originalité, la mentalité générale de nos financiers et témoigne de la grande inculture de notre classe dirigeante.

Cependant, des dirigeants sans devoirs et sans instruction se condamnent, ou plutôt condamnent leurs enfants, à la ruine. Mais leur inculture ne leur permet pas de comprendre que, pour que noblesse dure, il faut que noblesse oblige.

Noblesse ne les oblige plus, les imbéciles !

Pourtant, Chateaubriand constate lucidement dans ses *Mémoires d'outre-tombe* (mais ils ne les ont pas lus) : « Une classe dirigeante connaît trois états successifs : l'âge des supériorités, l'âge des privilèges, l'âge des vanités. Sortie du premier, elle dégénère dans le deuxième et s'éteint dans le troisième. »

Grâce à son bon gouvernement, la Sérénissime sut éviter, presque jusqu'à la fin, cet enchaînement fatal.

Chez elle, la richesse, si elle donnait des privilèges, entraînait aussi de telles obligations au service du bien public que l'inexorable mécanisme décrit par le vicomte (l'oubli de la collectivité au profit des vanités) y fut efficacement contenu.

L'argent était âprement gagné, aimé, utilisé, mais il cédait devant la raison d'État et n'était nullement adoré.

Ces idées (on devrait plutôt parler de convictions) sont absolument à l'opposé de celles qui régissent notre capitalisme d'aujourd'hui, libéral et anglo-saxon.

Le capitalisme actuel est en effet un capitalisme sans régulation ni devoirs. Il a généré la crise financière de 2008 et conduira la mondialisation à sa ruine. Son cynisme est tellement idiot qu'il engendre sa propre déchéance au détriment de l'intérêt bien compris de ses actionnaires.

Son arrogance est telle qu'il n'est pas réformable.

Il faut donc changer de capitalisme.

Car, si l'on ne saurait concevoir la société sans une forte dose de capitalisme (c'est la leçon de la chute du bloc soviétique), il existe heureusement plusieurs sortes de capitalisme, le « libéralisme » (ou plutôt ce qui se cache aujourd'hui derrière ce mot respectable) étant la pire. Il ne s'agit d'ailleurs que du négatif du marxisme. C'est une idéologie, comme lui, reposant sur la même croyance religieuse que l'économie est la base et le sommet de tout, mais un marxisme inversé. Alors que le réalisme nous amène à constater que l'homme est un animal de passions.

Quand j'entends ces pseudo-libéraux affirmer sans rire : « Si ça ne marche pas, c'est qu'il n'y a pas encore assez de libéralisme », cela me rappelle le temps où les marxistes disaient : « Si ça ne marche pas, c'est qu'il n'y a pas encore assez de communisme ! »

Le capitalisme qui régna des siècles à Venise pourrait utilement inspirer celui de notre époque. Hélas ! où sont-elles aujourd'hui, ces « magistratures terribles » évoquées par Montesquieu, qui ramèneraient violemment la finance internationale à ses devoirs ?

4 – Une oligarchie « keynésienne »

Nous l'avons souligné en commençant cet essai, Venise ne connut jamais les luttes intestines entre riches et pauvres, entre le « peuple maigre » et le « peuple gras », qui ravagèrent sans exception les orgueilleuses cités de l'Italie continentale.

Pendant mille ans, la paix sociale régna à Venise. Or ce calme n'était le résultat d'aucune répression.

Le terrible Conseil des Dix ne s'occupait que des délits concernant la sûreté de l'État ou des faits de corruption ou de détournement de fonds, en général commis par des patriciens.

Mais il y a mieux : si l'on croisait à Venise des magistrats de police, tels les fameux « seigneurs de la nuit » qui patrouillaient dès le soleil tombé dans la ville (et, de fait, la nuit vénitienne était la plus sûre d'Europe, bien que ces magistrats fussent peu nombreux), on ne pouvait observer dans ses rues et sur ses canaux aucune police en uniforme. On n'y voyait pas de ces patrouilles de soldats du guet qu'on remarquait partout ailleurs en armes dans les cités de ce temps.

La raison en est simple : ce sont les ouvriers de l'Arsenal qui assuraient le maintien de l'ordre à la demande du gouvernement. Par exemple, ce sont eux qui veillaient sur les abords du palais des Doges lors des réunions hebdomadaires du Grand Conseil, ou sur-veillaient le bon déroulement des multiples fêtes ou manifestations qui égayaient la cité. Pas de « casseurs » à Venise, pas de « flics » non plus.

Une classe de financiers confiant sa sûreté aux syndicats de la classe ouvrière ! Le cas est unique dans l'Histoire et témoigne en faveur de la paix sociale qui régnait à Venise.

Les capitalistes vénitiens étaient, sans le savoir et très en avance sur leur temps, « key-nésiens ». John Maynard Keynes[1], économiste

---

1. Auteur en 1935 de la *Théorie générale de l'emploi, de l'intérêt et de la monnaie.*

du XXe siècle, prêchait sans relâche pour une juste répartition de la plus-value économique, et répétait que bien payer les ouvriers était la seule manière d'assurer la bonne marche du capitalisme.

Le gouvernement vénitien eut toujours à cœur de redistribuer une juste part de la « valeur ajoutée ».

La règle resta, durant mille ans, de payer convenablement les ouvriers, ceux de l'Arsenal en particulier, desquels dépendait la puissance de la ville ; de les bien loger également. Pour abriter les seize mille artisans de l'Arsenal, la République a construit des maisons à bon marché, simples mais belles, qu'aujourd'hui les riches Milanais achètent à prix d'or. Respectés, régalés de festivités, les ouvriers ignoraient le chômage (Venise fut une économie de « plein emploi ») et la famine. Le gouvernement veillait à l'approvisionnement en grains, qu'il gardait en de vastes silos (on peut en voir un sur le Grand Canal). Quand la moisson de la riche plaine du Pô n'était pas suffisante, il faisait venir du blé en bateau depuis l'Ukraine, où il avait des avant-postes, en particulier Tana, tête par ailleurs de la route de la Soie. Lorsque le Turc lui eut interdit l'Ukraine, la ville s'approvisionna en cas de besoin à

Alexandrie, dans une Égypte qui lui fut toujours ouverte.

De plus, les ouvriers pouvaient eux aussi, ne fût-ce que d'un seul ducat on l'a dit, participer au capitalisme général.

Enfin, à Venise, les nobles travaillaient, et pas seulement quand on leur confiait une magistrature, contrairement à ce qui se passait dans le reste de l'Europe où le travail leur était interdit.

Pour les nobles d'ailleurs, travailler eût été « déroger », c'est-à-dire manquer à leur rang, quitter la noblesse. Les nobles de Venise, eux, pratiquaient tous les métiers qu'ils voulaient – commerce, finance, direction d'entreprise, parfois artisanat – sans déroger le moins du monde.

Par ailleurs, l'État poussait les riches à aider les plus pauvres.

Le fameux « hôpital des Incurables » naquit ainsi de la sollicitude du gouvernement pour les malades atteints de syphilis. De jeunes patriciennes y officiaient comme infirmières. À l'initiative du pouvoir fut aussi créé l'« hospice de la Pietà » pour les enfants abandonnés. Les garçons y apprenaient un métier, et les filles une musique qui ravissait Casanova. Le politologue français des temps classiques Jean Bodin écrivait : « Ailleurs, le riche vit de la peine du pauvre. À Venise, le pauvre vit de l'argent du riche. »

On peut dire de Venise qu'elle fut le premier *Welfare State* du monde ! Il n'y avait pas de sécurité sociale dans la cité, mais on doit reconnaître que l'entraide corporative en tenait lieu.

Les confraternités laïques d'assistance, les *scuole*, y sont d'ailleurs plus splendides encore que les demeures patriciennes. Il suffit de se transporter sur le *campo* San Giovanni e Paolo pour y admirer l'extraordinaire façade de la *scuola* désaffectée qui sert maintenant d'hôpital à la ville.

À l'époque, les *scuole*, dont l'entraide n'était pas la seule fonction (elles servaient aussi au peuple de salles de réunion, d'associations de piété, de bibliothèques), vivaient largement des cotisations de leurs membres. Nombreux et renommés, les artisans de Venise n'eurent cependant jamais le pouvoir de nuisance que les « métiers » purent exercer, par exemple, à Florence.

Le capitalisme vénitien gravitait quant à lui autour de la Bourse, laquelle se tenait près du pont du Rialto, mais c'était un capitalisme redistributeur. Il pratiquait pourtant les techniques de la finance moderne (inventées, il est

vrai, à Florence) : comptabilité en partie
double, Bourse de valeurs, lettres de change,
banques d'affaires. Il tint toujours à en parta-
ger les risques et les gains. On se mettait à dix,
à cent pour se répartir les dangers et les profits d'une opération. On appelait « commandite » cette institution propre à Venise (on a
vu que les simples citoyens pouvaient entrer
en commandite). Cette coutume explique la
rareté des faillites à Venise, la fluidité de son
capitalisme.

Autre leçon pour notre temps : Venise, commerciale et financière, déjà mondialisée, était
absolument hostile aux délocalisations. Elle
aurait pu faire fabriquer à moindre prix ses
verreries dans l'Empire ottoman ou en Égypte,
où les salaires étaient bas.

Son patriotisme industriel le lui interdisait.
Ces scrupules doivent faire rire nos entrepreneurs banquiers modernes, pour lesquels une
« multinationale » n'a pas de patrie. En France,
par exemple, les délocalisations sont une mode
tellement contraignante que, comme je viens
de le lire dans *Le Monde*, un sous-traitant qui
voulait continuer à employer ses excellents
techniciens français a été obligé de mentir
auprès de son « donneur d'ordre » et d'inventer
une délocalisation fictive pour obtenir un

marché ! Plus intelligents, les patriciens vénitiens savaient, eux, que le « marché » n'est
qu'une apparence virtuelle et que seule la
« marchandise » est réelle.

Ils avaient même « nationalisé » la plus
grande entreprise de l'époque. Localisé à
Venise avec des travailleurs vénitiens et cher
payés, l'Arsenal fabriquait les grandes galères
de la Dominante, navires de guerre autant que
de commerce.

La fabrication s'y faisait « à la chaîne »,
« taylorisée » avant l'heure.

Au commencement, on ne voyait sur le
canal avancer qu'une quille. En progressant,
entre les mains des meilleurs spécialistes
maniant des pièces détachées numérotées, cette
quille devenait un bateau, équipé jusqu'au dernier boulet de canon et au dernier cordage,
sur lequel un équipage n'avait plus qu'à
monter.

Ce spectacle inspira à Dante l'un des chants
de la *Divine Comédie*. Venise conservait ainsi
en caisses une flotte et pouvait en quelques
jours, en cas de défaite, mettre à la mer une
escadre de remplacement...

Des entrepôts pour le bois, des corderies, des
voileries complétaient ce qui fut la plus grande
usine du monde avant l'ère industrielle.

Un peu à l'écart, à cause des risques d'incendie, mais tout aussi impressionnante, fonctionnait à Murano l'industrie du verre, celle-là laissée aux entrepreneurs privés, souvent d'ailleurs des bourgeois – *cittadini* plus que patriciens.

À Murano chauffaient des centaines de fours et travaillaient des milliers de spécialistes que tous les souverains du monde essayaient de débaucher. Nous avons dit que Colbert y parvint pour le compte de Louis XIV, qui put ainsi faire édifier sa splendide « galerie des Glaces ».

La verrerie était l'industrie de pointe de l'époque.

La ville comptait aussi des filatures, des draperies, des chantiers navals privés. Elle fourmillait d'entrepôts par lesquels transitaient les merveilles du monde. En fait, chaque maison vénitienne, chaque palais était une sorte d'entrepôt.

Ainsi, la fortune n'était pas accaparée par le patriciat, même s'il s'en réservait la meilleure part : elle circulait et irriguait la société par de multiples voies, surveillée du coin de l'œil par l'État.

Centre commercial mondial, Venise était évidemment une ville cosmopolite.

Chaque communauté étrangère résidente y avait son propre quartier et son lieu de culte. C'est de cette façon qu'il convient d'interpréter le regroupement des juifs dans le quartier du Ghetto (ainsi nommé parce qu'il occupait l'emplacement d'une ancienne fonderie, *ghetto* en vénitien). Quartier du reste magnifiquement situé en centre ville et qui marquait la promotion d'une communauté jadis reléguée dans l'île de la Giudecca. Les juifs portaient par ailleurs un insigne jaune.

Mais il en allait de même, insigne et lieu de résidence, pour tous les étrangers : les marchands allemands étaient obligés de loger et de commercer au Fondaco dei Tedeschi ; les commerçants turcs, au Fondaco dei Turchi. Ces bâtiments sont toujours debout : on peut les admirer sur le Grand Canal ; de même qu'on peut admirer les hautes maisons du Ghetto (hautes parce que la population juive augmentait et que la place manquait) et ses superbes synagogues (il n'y a qu'à Tolède qu'on en voit d'aussi belles).

Les Grecs, souvent sujets par ailleurs de la Dominante, avaient leur quartier et leur église de rite oriental orthodoxe. On parlait beaucoup grec dans cette ville dont le Byzantin Bessarion a fondé la bibliothèque.

Un tel « communautarisme » choque à bon droit les Français assimilateurs, mais les Vénitiens ne le furent jamais, nous en reparlerons...

Il est absolument nécessaire de démonter la légende du prétendu « antisémitisme » vénitien. Cette fiction procède d'une méconnaissance totale de l'organisation de la cité ; Shakespeare, au contraire, réellement antisémite, lui, ne s'y est pas trompé, qui fit du juif Shylock l'archétype du marchand vénitien ! Même s'ils étaient relégués, les juifs ne furent jamais inquiétés à Venise. Ils y prospérèrent.

Au XXe siècle, ils y étaient toujours : la « femme de la vie » de Benito Mussolini fut une riche juive vénitienne, Margherita Sarfatti, directrice de la revue fasciste *Hierarchia* (il vient d'en paraître une biographie[1]). Il fallut l'occupation hitlérienne pour chasser les juifs hors de la ville.

Une seule fois, dans l'histoire de la ville, un patricien imbécile et xénophobe préconisa de les expulser pendant une séance du Sénat. Il fut vertement rabroué par ses collègues, les archives en font foi : « Quoi ! Vous voulez nous inciter à chasser ces juifs qui sont tellement utiles à notre commerce ? Ce serait les obliger à se réfugier chez le sultan de Constantinople à notre détriment. Vous êtes complètement fou...

---

1. Françoise Liffran, *Margherita Sarfatti, l'égérie du Duce*, Seuil, 2009.

Ne commettons pas la même erreur que les Espagnols ! »

Enfin, autre leçon très actuelle : sévère dans ses comptes, la République ne fit jamais de l'absence de déficit un dogme. Contrairement à ce que nous répètent des économistes bornés, Venise savait que le budget d'un État n'a rien à voir avec celui d'un ménage. Elle n'hésita jamais à contracter des dettes quand c'était nécessaire : guerres, grands travaux, risques de déflation. Pourtant, le cours du ducat demeurait stable, ni trop élevé ni trop bas.

On peut même affirmer que le capitalisme vénitien se finança à l'aide de la dette publique. C'était d'ailleurs commun à une époque où tous les rois couvraient leurs dépenses extraordinaires au moyen de l'emprunt. Mais, alors que les souverains empruntaient à des taux usuraires aux banquiers lombards ou florentins (aux environs de 20 % d'intérêt), Venise inventa la « rente ».

Elle « consolida » la dette publique, c'est-à-dire les avances faites par les spéculateurs à son trésor, en leur imposant un intérêt raisonnable de 5 %, certes modeste mais payé de façon certaine et régulière aux possesseurs de titres « Monte Vecchio ». Le succès couronna cette politique : finalement, les prêteurs préférèrent la proie d'un intérêt assuré à l'ombre des spéculations florentines.

L'État vénitien a su faire preuve ainsi d'une remarquable clairvoyance quant au loyer de l'argent.

Quand, des siècles plus tard, Napoléon III officialisa la société par actions, préfigurée par les Vénitiens dans leurs sociétés à commandite, c'était pour que les actionnaires fournissent de l'argent aux entreprises ; 5 % par an semblait alors un loyer raisonnable.

Les économistes (et d'abord Keynes) découvrirent plus tard qu'aucune entreprise ne peut rétribuer plus de 5 % par an. Au-delà, on entre dans l'usure. À ce taux, les actionnaires financèrent longtemps les entreprises. Mais aujourd'hui, dans le capitalisme anglo-saxon, le système s'est inversé : avec des loyers annuels de 15 % (qui ne sont pas sans rappeler les loyers usuraires des banquiers lombards), ce sont les entreprises qui financent les actionnaires.

Soumises à la terrible pression des loyers désormais exigés, les directions ne songent plus à leur production, à leurs clients ou à leurs salariés, mais seulement à satisfaire les exigences insensées de leurs actionnaires, sous peine de perdre leur place. Elles « dégraissent » donc. Ainsi s'amorce et s'amplifie la désindustrialisation. Pour que la consommation continue malgré les licenciements, on pousse le crédit à la consommation. Tous les éléments de la crise étaient là ; ils y sont toujours. Venise sut éviter ces folies.

Si Philippe de Commynes admirait la sagesse du gouvernement vénitien, c'était aussi, en un temps où les monarchies étaient toutes désargentées, pour l'intelligence de sa gestion financière. Et, de fait, le trésor vénitien lui permit toujours de faire face aux dépenses extraordinaires : ni la ligue de Cambrai ni l'Empire ottoman ne réussirent à ruiner la Sérénissime.

Rappelons aussi qu'à l'emprunt, devenu la rente, la République ajouta très vite l'impôt sur le revenu (l'impôt étant un emprunt sans intérêts à rembourser !).

Ainsi, le capitalisme vénitien prospéra dans la paix sociale et la stabilité financière.

Ce capitalisme-là ne fut jamais cynique parce que la République avait compris qu'en affaires le cynisme ne paie pas, ou plutôt qu'on finit par le payer tôt ou tard... ce que n'a toujours pas compris la Chine actuelle, coupée par Mao de sa sagesse antique.

Les patriciens savaient – ce que ne saurait imaginer un *trader* de Wall Street – que le profit immédiat ne va pas sans une vision à très long terme ; et le Sénat vénitien pensait loin. Les patriciens de Venise avaient compris aussi que le véritable intérêt des riches suppose le bien des pauvres.

Enfin, ils étaient certains que l'argent lui-même a besoin d'une patrie. Pour eux, c'était la *Terra*, dont l'amour unissait tous les habitants de la ville. Seul le patriotisme, en fin de compte, peut pousser les riches à faire des sacrifices financiers ; et *a contrario*, comme le dit Karl Marx, la patrie est aussi le seul bien que possèdent les pauvres.

5 – Justice égale pour tous

La légende romantique de la justice vénitienne brosse le portrait de procédures secrètes
et arbitraires, où l'on se débarrasse des corps la
nuit dans les canaux.

Il y eut bien des corps poussés à l'eau, mais il
ne faut pas en déduire que la justice à Venise
était sombre et terrifiante. Ces cadavres étaient le
produit de décisions dûment motivées du Conseil
des Dix, touchant toutes à la sécurité publique.
Les rares exécutions pénales de la ville étaient
consommées entre les colonnes de marbre de la
Piazzetta. Aurait-on idée de juger la justice française à l'aune des très exceptionnelles « opérations Homo » effectuées par nos services secrets
sur l'ordre du président de la République ?

En réalité, la justice vénitienne était considé-
rée par les contemporains comme infiniment

plus équitable que celles – tous les savaient corrompues – des souverains d'Europe.

Elle respectait à la lettre des procédures strictes et très en avance sur celles des autres nations.

Il faudra attendre la Révolution française pour que les règles appliquées à Venise le soient ailleurs. L'humanisme des procédures judiciaires vénitiennes était particulièrement étonnant.

Dès 1290, le Grand Conseil avait promulgué une loi qui interdisait d'infliger des peines corporelles même légères, courantes à l'époque, aux enfants de moins de quatorze ans et aux malades mentaux.

Bien plus, alors que la torture faisait normalement partie des moyens d'instruction dont disposait la justice dans tous les États du monde, on ne pouvait à Venise l'appliquer à un suspect sans l'autorisation préalable du Sénat et, par la force des choses (on imagine bien la difficulté de plaider l'utilité du recours à la « question » devant une assemblée nombreuse et sage), ces autorisations étaient rares...

Par ailleurs, Venise instaura dès 1401 l'« assistance judiciaire ». Elle commettait gratuitement des magistrats à la défense des

pauvres dont, par obligation, la cause était ins-
truite en priorité.

D'autre part, quand un emprisonnement
était reconnu abusif en appel devant la *quarantia*, il était indemnisé...

La légende d'un pouvoir arbitraire, secret et
abusif est donc complètement fausse. C'est le
contraire qui est vrai.

En matière judiciaire, qu'elle soit pénale,
civile, administrative ou commerciale, Venise
faisait preuve d'un sourcilleux respect du droit,
absolument unique en son temps.

Cependant, ce qui doit être le plus souligné
et qui frappait les contemporains, c'était la
stricte égalité de tous devant la loi ! À l'époque,
les privilèges étaient de règle dans toute
l'Europe.

Les nobles français, les clercs ne relevaient
pas des mêmes tribunaux que les roturiers : ils
bénéficiaient, face à la justice, de droits supé-
rieurs. Il faudra attendre la Révolution française et la nuit du 4 août 1789, avec sa fameuse
abolition des privilèges, pour qu'il en aille
autrement. À Venise, la justice était la même
pour tous. Si les exécutions entre les colonnes
de marbre de la Piazzetta étaient rares, elles
pouvaient concerner – elles concernaient

d'ailleurs le plus souvent – les patriciens. Pour le viol d'une domestique, par exemple, même si celle-ci avait été achetée au marché des Esclavons, un patricien n'était pas à l'abri d'une lourde sanction.

La chronique vénitienne est pleine d'histoires d'hommes issus de la jeunesse dorée poursuivis pour leurs frasques et condamnés.

Le plus célèbre d'entre eux, Casanova, fut enfermé dans le grenier du palais des Doges, les « Plombs », pour escroquerie en 1755.

Le récit de son évasion est un grand moment de ses *Mémoires*. Notons que Casanova resta toujours passionnément attaché à Venise. Plus connu pour ses succès amoureux (il aurait séduit cent vingt-deux femmes et n'aurait connu qu'un seul échec) que par ses activités politiques, Casanova fut probablement un agent des services secrets vénitiens. Assez tôt après son évasion, il aurait été contacté par ceux-ci. Ce qui explique que, bien que d'origine modeste, il ne manqua jamais d'argent. Il faudrait conseiller la lecture des *Mémoires* de Casanova à notre philosophe antichrétien Michel Onfray : catholique, patriote (moral d'une certaine manière, car il épouse les filles qu'il a séduites et reste leur ami, sans que les délaissées paraissent éprouver à

son égard autre chose que de la reconnais-
sance), Casanova croit au bonheur et le vit. Il
ne conçoit envers la Sérénissime aucun res-
sentiment et le puritanisme protestant lui est
étranger...

Cette égalité devant la loi, cette sévérité qui
n'épargnait pas les privilèges, notre Révolution vertueuse (tout au moins en 1793) et terrible la fit appliquer dans la violence et les
combats. Alors que, dans la Venise de Casanova, la vie était douce : Longhi, Canaletto,
Goldoni, Guardi l'ont éprouvé. Talleyrand a
dit : « Celui qui n'a pas connu les temps
d'avant la Révolution ignore ce qu'est la douceur de vivre. » Mais la douceur dont parle
Talleyrand n'était tangible que par les Français les plus riches. À Venise, tout le monde y
participait plus ou moins. Casanova lui-même
n'était que le fils d'un acteur et d'une fille de
cordonnier.

Dure quand il le fallait, laissant ses citoyens
vivre leurs amours et profiter de sa beauté,
mais exigeant d'eux, envers son État, une fidé-
lité absolue, Venise accordait à ses sujets une
justice sereine et forte qui ne reculait devant
personne, le coupable fût-il riche et puissant.
Bodin le constate : « En vérité, une injure faite
par un gentilhomme vénitien même au dernier

des habitants de la ville est, à Venise, réellement punie et redressée. »

Dans les territoires de la République, une véritable inégalité subsistait cependant, car elle ne sut jamais surmonter la distinction entre les habitants de la ville, les vrais citoyens, et les sujets de son vaste empire terrestre ou maritime.

Elle laissait aux cités de la Terre ferme, comme à celles des « États de la mer », une très large autonomie, mais leurs plus éminents citoyens ne purent jamais entrer au Grand Conseil ni participer au gouvernement de l'empire.

En cette matière, Venise, « romaine » par bien des aspects, en particulier par son respect de la loi, se distingue du modèle qu'elle voulait reproduire (car elle prétendait incarner les vertus romaines, or Rome recevait ses sujets en son Sénat).

Venise se rapproche là du mode de gouvernement habituel des thalassocraties, que l'on retrouve au XIXe siècle dans la relation qu'entretenaient les Anglais du *British Empire* avec leurs indigènes.

À Venise comme à Londres, la distinction entre la métropole et ses conquêtes ne fut jamais abolie.

Il n'y eut pas, à Venise, d'édit de Caracalla accordant la citoyenneté à tous. Dans son empire, elle ne voulut avoir que des sujets. Ce fut sa principale faiblesse.

Cependant, cette inégalité concernait le gouvernement, non la justice. En effet, la cité veilla toujours à ce que ses magistrats d'outre-mer ou du continent rendent une « bonne et sévère » justice aux indigènes, aux juifs et aux étrangers.

L'État enjoignait à ses provéditeurs de juger les administrés de leur ressort à l'instar des colons vénitiens résidant dans leurs juridictions. Il faut insister sur la minutie scrupuleuse qu'observa toujours la Dominante dans l'exercice de la fonction judiciaire sur ses territoires. La capitale avait coutume d'envoyer, à l'improviste, des inspecteurs extraordinaires pour passer au crible les actes financiers et administratifs de ses fonctionnaires coloniaux.

Ces envoyés siégeaient officiellement pour recueillir les plaintes des indigènes. On les appelait les « syndics inquisiteurs ».

Les gouverneurs ne pouvaient donc pas abuser de leurs fonctions, d'autant qu'ils restaient en place peu de temps, trois ans au maximum, et que leurs fautes étaient impitoyablement sanctionnées.

Enfin, les sujets de la Dominante avaient le droit d'intenter, de leur propre initiative, une action en justice contre des administrateurs indélicats ou abusifs. Ils pouvaient envoyer à la capitale, aux frais de l'État, des délégués pour exposer leurs doléances et demander réparation.

Pour ces raisons, et malgré leur impossibilité d'accéder au gouvernement, les indigènes ne se plaignaient pas de l'administration vénitienne.

Venise était l'objet de « l'amour de ses sujets », selon une expression sénatoriale assez juste. N'exagérons rien. Il y eut malgré tout des révoltes, surtout en Crète, mais moins qu'en d'autres dominations.

La comparaison, par exemple, entre l'autorité tyrannique des Ottomans et celle de la Sérénissime est tout à l'avantage de cette dernière.

La plupart des villes de Terre ferme, d'ailleurs, n'avaient pas été conquises militairement par la Dominante : elles s'étaient données à elle. À charge pour Venise de respecter leurs coutumes et droits acquis. Il en fut de même, à la même époque (XVe siècle), pour la grande ville byzantine de Thessalonique.

Cette affection des sujets pour Venise, Bonaparte l'éprouva encore pendant sa campagne d'Italie de 1796, quand les gens de Terre ferme attaquaient les soldats de la Révolution en criant : *E viva San Marco !* Ce qui attisa l'hostilité du jeune général envers Venise, qu'il voulut dès lors détruire. Mais cette antipathie remontait loin. Ne l'oublions pas, le Corse Bonaparte était génois, donc antivénitien.

Pour terminer sur ce sujet, ajoutons qu'on trouvait dans la République une qualité unique alors : l'honnêteté financière. Les agents de l'État vénitien n'étaient pas corrompus à une époque où de grands serviteurs de l'État français, Richelieu ou Mazarin, emplissaient leur cassette personnelle en puisant dans des caisses remplies par les contribuables !

6 – Une civilisation davantage qu'une cité

André Malraux disait de Venise qu'elle était davantage une civilisation qu'une cité. Le mot « civilisation » vient du latin *civitas*, qui signifie « cité ».

Pourtant, il ne s'agit pas d'un pléonasme. En français, le mot « civilisation » en est venu à exprimer plus de choses que le mot « cité ».

Il évoque une manière d'être particulière, une façon d'aimer, de gouverner, de s'exprimer, de créer de l'art.

En ce sens élargi, on ne peut que donner raison à Malraux.

La civilisation vénitienne a su croiser et métisser Byzance avec l'Italie de la Renaissance ; le Moyen Âge français et les Ottomans ; les Arabes et une bonne dose d'Extrême-Orient.

Le lion de la colonne sur la Piazzetta (qui « soulève à l'horizon serein son pied d'airain ») est un dragon ramené de Chine !

Ajoutez à cela les reflets étranges de la lagune et vous avez une civilisation, une vraie. Aujourd'hui, il nous reste la ville, et seuls les historiens apprécient encore l'originalité de la civilisation vénitienne.

Venise, c'est d'abord l'architecture.

En Terre ferme, celle des villas patriciennes construites sur les instructions de l'architecte Palladio, qui s'inspirait du Latin Vitruve. Il publia en 1570 *Quatre Livres sur l'architecture.*

L'attrait des villas qu'il édifia vient de l'harmonie des proportions de ces grandes fermes-résidences, de leurs perspectives, du fait qu'on pouvait les voir à distance et de partout.

Dans la ville elle-même, Palladio conserva le souci des vastes perspectives. Ainsi l'église du Redentore, qui domine de sa masse le grand plan d'eau de la Giudecca. Il fit plus : en édifiant au large du palais des Doges l'église et le monastère de San Giorgio Maggiore, Palladio réussit à inclure toute l'étendue marine du bassin de Saint-Marc dans la structure interne de la ville...

L'architecture, toujours dirigée par l'État, fut pendant des siècles l'art dominant de la civilisation lagunaire.

Palladio succédait à Sansovino. À l'intérieur du palais ducal, l'« escalier des Géants » devint l'élément essentiel de la cour quand Sansovino y érigea les deux grandes statues de Mercure et de Neptune, symboles des deux sources de la richesse et de la puissance vénitiennes, le commerce et la mer.

Sansovino fut aussi le maître d'œuvre de la bibliothèque, jadis fondée par Bessarion mais beaucoup agrandie.

La courbe finale du Grand Canal, quand elle débouche sur le bassin, fut embellie et soulignée par l'immense coupole de la Salute, église qu'il fallut des années pour édifier en enfonçant dans la vase les milliers et milliers de poteaux capables de supporter un monument aussi lourd.

Les bâtiments de la Dogana di Mare, sobres et élégants, furent confiés au lauréat d'un concours présidé par une commission de sénateurs. Autour, on voit les plus beaux monuments et le plus bel ensemble urbain qui soit au monde : sur le quai, les colonnes de marbre, la bibliothèque, la monnaie, en arrière le haut campanile-phare, à droite (vu du large) le palais gouvernemental, tête en bas et corps en haut. En dessous, les colonnades. Au-dessus, les yeux butent sur une immense muraille rose, percée de hautes et rares fenêtres. Ce mur est le front nacré que Venise lève sur la mer.

La ville aux murailles de vagues est donc d'une architecture inimitable, « invraisemblable », écrivait Thomas Mann, trouvant le mot juste.

Son étrangeté est accentuée par le fait que les autorités, contrairement aux modes des souverains d'Europe, eurent à cœur de combiner autant que possible des bâtiments d'époques différentes.

En descendant le Grand Canal, on voit en effet se succéder sans se contredire des magasins carolingiens, de superbes palais du Moyen Âge (du romain au gothique), telle la Ca' d'Oro, des bâtiments byzantins ou turcs, des maisons baroques, des habitations de style classique français, enfin d'éclatantes demeures du siècle des Lumières.

De même, les églises s'échelonnent de l'austérité médiévale de San Giovanni e Paolo aux douceurs féminines de Santa Maria dei Miracoli, à la théâtralité des temples baroques. Au milieu du Grand Canal, le pont du Rialto, audacieux et d'une seule arche, fut jeté par-dessus le chemin d'eau en 1592 par Antonio Da Ponte, au nom prédestiné.

À Venise, l'architecture n'est pas seulement écologique et utilitaire : elle est maritime, navale, et partout dans la ville les mâtures des navires côtoyaient les maisons. Partout, on y chargeait ou déchargeait marchandises et voyageurs. Aux mâts des navires répondaient les cheminées évasées vers le haut ; à leurs dunettes, les plates-formes en bois juchées sur les toits, les *altane*, où les élégantes venaient le soir prendre le frais.

À Venise, l'architecture était aussi pensée par l'État comme un facteur de convivialité et de paix sociale.

De fait, on vit autrement quand on est pauvre si l'on habite dans d'horribles immeubles de béton, loin du centre ville, ou si l'on loge dans la beauté en des maisons modestes d'où l'on peut participer aux innombrables fêtes, et même, grâce aux masques, se fondre et se confondre avec les dirigeants, et se promener le soir, en toute liberté, sur la place Saint-Marc. Nous avons souligné la parenté entre la Venise du XVIᵉ siècle et l'Angleterre du XIXᵉ, toutes deux thalassocraties marchandes et oligarchiques. Mais Venise l'emporte de beaucoup sur Albion en justice sociale. Chez elle, la misère sordide et laide décrite par Charles Dickens eût été inimaginable.

Les patriciens de Venise dépassent surtout, et de très loin, les diplômés d'Oxford ou de Cambridge par le goût.

Les financiers et les commerçants de Londres avaient mauvais goût. Ils ne nous ont rien laissé qu'on puisse admirer sans réserve, sauf si l'on aime le style du « Tower Bridge ».

Au contraire, vivre à Venise devait être un rêve pour les sens. Aujourd'hui encore, malgré la foule « marchandisée » qui l'inonde, la visite de la ville reste un enchantement. J'ai déjà cité l'opinion sur ce sujet de Le Corbusier, pourtant en général ennemi des architectures passées : « Venise, le plus bel ensemble urbain du monde ».

Ici, tout est différent : les pigeons marchent et les lions volent. On erre ensuite dans la ville sans se perdre vraiment. Il n'est pas une *piazzetta*, pas une *caletta*, pas un *campo*, pas un canal qui n'ait quelque chose d'émouvant.

On y expérimente la paix d'un lieu sans automobile, d'une vie piétonne et aquatique, d'un labyrinthe aux cent ponts où le passant divague sans fatigue.

Le visiteur peut comprendre que seule une force puissante et sage fut capable d'organiser un tel paysage urbain dans la boue et l'eau saumâtre de la lagune.

Malgré la déchéance de 1797, subsiste là une oasis de splendeur.

Je tiens que l'architecture est l'art qui exprime le mieux l'esprit et la valeur d'une civilisation.

Est-ce un hasard si le protestantisme, cher à Max Weber, n'a su élever aucune belle église ?

On peut noter aussi, sans vouloir assimiler les austères vertus de la Réforme à ces doctrines délirantes, que le stalinisme et le nazisme ne nous ont laissé que des laideurs (sauf si l'on aime le métro de Moscou).

Il est fort heureux qu'Adolf Hitler n'ait pu construire le nouveau Berlin que son architecte Albert Speer avait imaginé : ce serait horrible !

Le cas du fascisme italien est plus ambigu. Car il nous a laissé quelques monuments remarquables comme le quartier de l'Europe à Rome (EUR). Mais c'est qu'il s'agit, plutôt que d'un vrai totalitarisme, d'une dictature banale, bridée par le roi et le pape. Et cela malgré l'absurde mode actuelle qui nous fait appeler « fascisme » tout extrémisme droitier.

Le nazisme et le stalinisme étaient, quant à eux, de vrais totalitarismes.

Venise cultivait aussi les arts fugaces.

Ses fêtes, son carnaval étaient des féeries que ne sauraient égaler nos actuels programmateurs d'événements, car elles étaient portées par l'âme populaire.

Venise, c'est encore la sculpture, « romaine » depuis Mantegna. Au lieu d'énumérer, racontons à ce sujet une anecdote révélatrice.

Dotée, comme l'Angleterre victorienne, d'une marine invincible sur laquelle servaient ses sujets, marins dalmates, et que commandaient ses patriciens, Venise confiait ses armées de terre à des mercenaires, dirigés par des condottieres avec lesquels elle passait contrat.

Mais, à la différence des autres cités d'Italie, les seigneurs de la guerre ne firent jamais la loi chez elle, où d'ailleurs aucune force armée terrestre n'avait le droit d'entrer. (Raison pour laquelle la police avait été confiée aux ouvriers de l'Arsenal.) Les soldats de Bonaparte furent les premiers à le faire.

Un seul condottiere voulut tromper la Sérénissime : Carmagnole. Les Dix l'apprirent (d'où l'utilité des services de renseignements). Le capitaine fut convoqué en ville sous le prétexte d'exposer devant le Sénat ses plans de campagne : il fut accueilli avec les honneurs. Alors qu'il se disposait à repartir, on lui désigna fort aimablement une autre porte que celle menant à la sortie.

Un mois plus tard, il était décapité en public entre les colonnes de marbre. Mais le capitaine Colleoni, général en chef sur terre pour la Dominante, n'était pas de ce bois-là, bien au contraire.

Colleoni avait été utile à Venise et lui était resté indéfectiblement fidèle. À sa mort, il lui fit don d'une énorme fortune destinée au trésor public... à la seule condition qu'on lui élève une statue équestre place Saint-Marc.

Avec le souci de la légalité qui caractérisait la République, le Sénat ne pouvait empocher l'argent en ignorant une clause testamentaire qui gênait fort les patriciens.

La Constitution s'opposait à ce que le pouvoir eût un visage.

Partout ailleurs en Italie, en France, les cités ou les royaumes s'enorgueillissaient des statues équestres de leurs tyrans ou de leurs souverains ; pas à Venise.

Les doges n'y avaient droit qu'à un seul portrait, et encore était-il obligatoirement situé dans la longue ligne de soixante-seize autres portraits de doges qui entoure la salle du

Grand Conseil. C'est là qu'on peut voir le tableau flouté du doge comploteur Faliero.

À cette concession près, l'État à Venise est sans visage, abstraitement symbolisé (colonnes de marbre, escalier des Géants) et impersonnel. Le fameux « lion ailé » suffit à figurer la majesté du pouvoir.

Cependant, ignorer une clause testamentaire n'eût pas été légal. On se résolut donc à faire édifier à Colleoni la statue demandée, non sur la place Saint-Marc, ce qui eût été sacrilège, mais sur l'admirable *campo* San Giovanni e Paolo.

Ainsi, sur ce magnifique emplacement, se dresse la seule statue équestre de Venise (si l'on excepte celle du roi Victor-Emmanuel, assez grossière et construite par des étrangers sur le quai des Esclavons), splendide, résumant à elle seule la sculpture vénitienne.

Car Venise, c'est surtout la peinture : les palais publics ou privés sont embellis des tableaux de Gentile Bellini, Giorgione et Carpaccio.

Il y eut, des siècles durant, une incomparable école de peinture dans laquelle les thèmes bibliques, mythologiques ou à la gloire de la cité, aussi bien que les scènes de la vie quotidienne de la ville, sont tous illuminés par la lumière spéciale qu'on ne trouve qu'à Venise, cette brume ensoleillée, cette eau lumineuse.

La ville fut longtemps le premier centre artistique européen.

Ses peintres jouissaient d'une réputation immense.

On considérait Titien comme le premier artiste de son temps. Le peintre avait dépassé les quatre-vingts ans lorsqu'il fut emporté par la peste de 1576. On mesure à l'âge des artistes et des gouvernants à quel point le lieu commun de nos médias sur « l'allongement de la durée de la vie humaine » est faux. Les grands vieillards de Venise mouraient presque centenaires, l'arme au poing comme le doge Dandolo ou le pinceau à la main comme Titien. La médecine moderne n'a pas (encore) allongé la durée de la vie : elle a créé le gâtisme, ce qui est bien différent.

Pour décorer l'intérieur de la bibliothèque de Venise, les examinateurs Sansovino et Titien attribuèrent le prix à un jeune artiste venu, comme Titien, de la Terre ferme : Paolo dit Véronèse, du nom de sa ville d'origine.

Véronèse doit sa célébrité à ses immenses fresques dans lesquelles surgit la lumière, qu'on peut admirer, à cause de Bonaparte, au musée du Louvre. Citons encore le Tintoret, qui sortit très peu de la ville. Il eut cette fière ligne de conduite : « le dessin de Michel-Ange et la couleur de Titien » ! La peinture véni-tienne ne faiblit jamais. Au XVIIIe siècle encore, le dernier de l'indépendance, on peut citer Tiepolo, Longhi, Canaletto et Guardi.

Enfin, Venise fut le centre mondial de la musique, de l'opéra et du théâtre. Claudio Monteverdi y fut chef de chœur.

À la fin du XVIIe siècle, on y trouvait dix-sept théâtres, sans compter la *commedia dell'arte*, théâtre de rue né à Venise. Entre 1637 et 1700, ces théâtres présentèrent dans la ville trois cent quatre-vingt-huit opéras !

Au XVIIIe siècle encore, Antonio Vivaldi y écrivit quarante-quatre compositions. On y jouait aussi les comédies de Goldoni.

En réalité, les dirigeants vénitiens, au contraire des nôtres, tenaient à ce que leurs gens soient cultivés. Ils jugeaient la culture indispensable à la finance et au commerce (un élève d'HEC n'en croirait pas ses oreilles). Ils auraient méprisé avec raison le spéculateur de Wall Street ou le *trader* accro des salles de marché de la Société Générale. Ils avaient la conviction que l'inculture des financiers ne pouvait les mener qu'à la ruine ! La crise que nous connaissons depuis 2008 ne leur donne pas tort.

L'université vénitienne de Padoue était probablement la meilleure d'Europe.

Les gens simples étaient eux aussi scolarisés par le biais d'écoles subventionnées dans les *scuole*.

Dès qu'elle parut, l'imprimerie trouva à Venise sa terre d'élection. On y compta des dizaines d'ateliers (autant que de chantiers navals) où l'on imprimait librement toutes les commandes d'Europe. On se moquait du contenu, à condition qu'il ne fût pas hostile à l'État vénitien.

C'est ainsi que l'édition du Talmud la plus utilisée par les juifs fut imprimée à Venise entre 1520 et 1523.

Je pense qu'il est impossible, lorsqu'on visite la ville – pillée de multiples trésors, mais jusqu'à ce jour sauvée des eaux –, de se représenter ce qu'elle pouvait être au temps de sa splendeur et encore à l'époque de Casanova.

Grouillante d'une foule à la fois heureuse et laborieuse, parcourue des processions colorées du doge, emplie des robes écarlates des procurateurs et des tissus chatoyants des élégantes, livrée aux masques du carnaval, joyeuse et forte à la fois. Relisons encore ces mots si justes de Chateaubriand, qui a senti cette synthèse unique de la force et de la joie :

« Venise qui triomphait par ses fêtes, ses courtisanes et ses arts, comme par ses armes et ses grands hommes, dont les doges étaient des savants et les marchands des chevaliers. »

Comment dire mieux ?

En définitive, ce qui caractérise cette civilisation vénitienne où un libertaire comme Casanova avait sa place, cette fête que l'on interrompait pour livrer bataille, c'est tout de même la conviction de la supériorité de la patrie sur chacun de ses membres, de la collectivité sur l'individu (même si les libertés de l'individu étaient supérieures à celles observées ailleurs), du public sur le particulier.

Derrière cette culture chatoyante se cachait un État fort et respecté. Les « scripts » des délibérations conservés aux Archives nous font toucher du doigt la sagesse des sénateurs, la haute tenue de leurs débats.

En résulta une continuité rare et millénaire, une volonté persévérante, prudente mais obstinée.

Les Vénitiens avaient un sens du long terme inconnu ailleurs, surtout dans la finance (d'où la stabilité du ducat).

Ce sens du long terme n'excluait ni l'héroïsme, ni les coups de bourse, ni l'accueil des nouveautés (comme l'imprimerie), allié au respect des traditions.

Le sens de l'État était beaucoup plus élevé chez les patriciens de Venise que dans la noblesse des royaumes d'Europe. Richelieu le constatait pour le déplorer.

En ce « sens de l'État », nous pouvons voir la raison principale de la longévité exceptionnelle de la Sérénissime comme puissance indépendante et civilisation originale.

On peut y voir aussi le secret de la réussite et du visage humain de son capitalisme, puisque c'est l'axe de cet essai.

Venise savait que, pour produire des bénéfices à long terme, le capitalisme ne doit pas être insupportable aux pauvres et insensible au bien commun. En ce sens-là, son capitalisme était le strict contraire du capitalisme anglo-saxon !

7 – Liberté et laïcité

Nulle part en Europe il n'y eut, avant la Révolution française, une liberté individuelle aussi grande qu'à Venise.

Les Dix surveillaient tout, mais ne réprimaient (alors impitoyablement) que les cas d'atteinte à la sûreté de l'État, on l'a vu avec l'exemple du condottiere Carmagnole ; et ce cas de figure était rare. À Venise, les mœurs étaient incroyablement libres, « modernes » pourrait-on dire, s'il n'existait avec notre époque une différence capitale. Cette liberté des mœurs ne mettait pas en cause un patriotisme puissant, un attachement indéfectible pour la *Terra* et un sens aigu du bien commun. La vie et les *Mémoires* de Casanova nous permettent de comprendre comment ces réalités en apparence contraires peuvent se concilier. Le libertinage, l'anonymat du carnaval coexistaient avec une vie communautaire intense, des communautés de quartier actives (les *sestieri*), très fortes associations caritatives et humanitaires, mais aussi corporatives (les *scuole*).

À Venise, les libertés ne remettaient pas en cause le sens du devoir. Cela montre que lesdites libertés ne sont nullement liées au protestantisme, lequel est au contraire plus souvent triste, strict de mœurs et puritain.

Dans l'aristocratie, l'homosexualité des deux sexes était fort répandue. Les femmes de Venise, nobles ou citadines, étaient réputées pour leur élégance, leur chevelure teinte en blond vénitien et leur conversation. Mais elles restaient surtout des maîtresses de maison et ne participaient pas au pouvoir, à l'exception de l'épouse du doge, la « dogaresse », dont le statut matrimonial était considéré comme une magistrature entraînant des devoirs (essentiellement caritatifs). Elle entrait comme le doge – mais après lui – en possession de sa charge. Elle débarquait du *Bucentaure* accompagnée du grand chancelier. Puis, suivie d'un long cortège de patriciens, elle pénétrait au palais, accueillie par les corporations qui exposaient en son honneur leurs produits les plus représentatifs : tapis, teintures, vitraux, bijoux, armes...

Sur ce point, Venise est absolument conforme aux usages de son temps : une époque qui aimait les femmes sans être féministe.

Par opposition aux épouses, les courtisanes avaient pignon sur rue dans la ville ; Chateaubriand en note l'importance (« Venise triomphait par ses courtisanes »).

Elles constituaient pour les services secrets une source de renseignements appréciée. Elles se devaient de veiller à leur hygiène et aussi d'être fort instruites et capables de tenir une conversation, généralement en français (seconde langue de la République après le vénitien), avec les lettrés d'Europe qui visitaient la cité, afin d'en rendre compte ensuite. Montaigne, qui ne se cache nullement d'avoir usé de leurs charmes, constate qu'à Venise « la qualité de courtisane ne déshonore pas, mais au contraire donne droit à une particulière considération ».

Le respect de la liberté à Venise ne se manifestait pas seulement dans la liberté des mœurs, mais aussi dans la liberté de penser et de s'exprimer.

La première au monde, la Sérénissime accorda en fait, sinon en droit, la liberté de conscience à tous les dissidents d'Europe. Érasme en profita. Et cela à l'heure même où la Genève de Calvin faisait exécuter, pour cause d'hérésie, son ami Michel Servet.

Les conversations, sous les fresques magnifiques des salons patriciens, étaient des plus libres. L'athéisme y dialoguait avec la foi. On pouvait tout critiquer, à l'exception du gouvernement.

Les théories scientifiques les plus audacieuses étaient reçues et bientôt imprimées.

Le philosophe normand Michel Onfray garde à juste titre un souvenir horrible de ses années d'internat chez les salésiens. Il a subi là un christianisme dépravé. On lui conseillerait volontiers (si c'était encore possible) d'aller se retremper dans la Venise de Casanova. Son *Traité d'athéologie* gagnerait d'y découvrir un catholicisme joyeux et amoureux des plaisirs. Le sommet du christianisme n'est-il pas un hymne au bonheur : les Béatitudes ?

Le célèbre dessinateur de bandes dessinées Hugo Pratt, né et élevé dans une Venise qui, quoique déchue, gardait encore quelque chose de son atmosphère ancienne, nous restitue cette joie quelque peu mystérieuse de la cité. Venise – ses *campi*, ses escaliers en voûte, ses canaux, ses ghettos, ses cheminements secrets, ses toits, sa lagune – est omniprésente dans son œuvre. Le lecteur amateur de ce genre parcourra avec profit le livre *Venise. Itinéraires avec Corto Maltese* (Lonely Planet, 2010).

Par ailleurs, tout à Venise exalte l'État. En arrivant de la mer, on voit à peine la basilique Saint-Marc, simple chapelle des doges, alors que les palais du gouvernement exposent leurs splendeurs.

De fait, si Venise ne connut jamais la tentation d'un protestantisme trop puritain à ses yeux, elle refusa toujours d'être une fidèle servante de la papauté.

Elle mena même une lutte séculaire contre l'autorité, à ses yeux abusive, du siège pontifical. Ses citoyens se voulaient « d'abord vénitiens, ensuite chrétiens ». Ils croyaient beaucoup à Saint-Marc, assez en Dieu et peu ou point au pape (bien que certains pontifes fussent issus de la cité).

En 1606, à la suite de l'arrestation à Venise de deux ecclésiastiques coupables, au jugement des tribunaux vénitiens, de délits de droit commun, le pape Paul V, qui revendiquait pour les prêtres la possibilité d'échapper à la juridiction séculière, avait foudroyé la Sérénissime avec la plus terrible de ses armes spirituelles : l'« interdit ». Théoriquement, on aurait dû cesser, dans les territoires de la Dominante, de dire la messe, de confesser, de marier, de bénir, d'enterrer. Un empereur germanique était allé à Canossa solliciter l'indulgence pontificale pour moins que cela.

Mais un « privilège de juridiction » était inacceptable dans une République où l'égalité de tous devant la loi était un dogme.

Le Sénat fit défense formelle au clergé vénitien de déférer à l'interdit pontifical. Il fut obéi et le culte continua comme si de rien n'était.

Ensuite, la République entreprit de contester la validité canonique du décret de Paul V.

Sur le terrain juridique, elle chargea le moine Paolo Sarpi, conseiller de l'État, d'alimenter la controverse et de fournir en arguments imparables les doges Leonardo Dona et Nicolo Contarini.

Et, devant l'Europe de l'époque abasourdie, celle de la Contre-Réforme, la République remporta la bataille canonique, sans pour autant se résoudre au schisme comme l'avait fait l'Angleterre anglicane, car peu de peuples au monde pratiquaient un catholicisme aussi ostentatoire que celui des Vénitiens. Cependant, même un Louis XIV n'aurait pas osé revendiquer, face au siège de Rome, autant de liberté.

Le pape dut en rabattre. Paul V avait eu le tort d'essayer d'humilier le patriotisme intransigeant des Vénitiens, toutes classes réunies.

Jean-Jacques Rousseau, secrétaire de l'ambassade de France à Venise en 1743-1744, aurait pu s'émerveiller de la liberté religieuse qui régnait dans la cité. Il ne la perçut même pas, préférant colporter les habituels ragots[1] sur le pouvoir obscur des Dix, ragots que les nombreuses « bouches du lion » dans lesquelles on glissait les lettres de dénonciation pouvaient rendre crédibles à un esprit qui ne cherchait pas à comprendre le respect du droit et la prudence avec lesquels on lisait ces mêmes lettres.

On peut pourtant presque parler, à propos de Venise, de « laïcité ». Certes, le catholicisme y était religion officielle, mais tous les cultes y avaient aussi droit de cité et l'on trouvait en ville des églises orthodoxes et des mosquées. Bien plus, l'athéisme y était admis. Quoique oligarchique, Venise se sentait « république », la seule de l'époque.

Le pouvoir n'y était pas issu du droit divin, mais plutôt – « à la romaine » – de la volonté

---

1. Voir ses « Dépêches », in *Œuvres complètes*, La Pléiade.

du peuple, même si l'*arengo* (l'approbation de
l'élection du doge par le peuple réuni en assemblée) y était tombé en désuétude.

De fait, le pouvoir confirmait naturellement
la capacité des familles enrichies par le commerce à constituer le Grand Conseil. Pour cette
raison et d'autres qui tiennent à la sagesse de
la classe dirigeante, la liberté individuelle et la
liberté de pensée furent davantage respectées
qu'ailleurs. La franc-maçonnerie y fut du reste
prospère au XVIIIe siècle. Car le pouvoir vénitien
était essentiellement laïc et la longue habitude
du contact avec d'autres mondes l'avait rendu
plus tolérant que dans beaucoup de seigneuries
européennes.

Surtout, le capital, cas rare dans une place
financière (mais qu'on constate aussi dans la
Londres du *British Empire*), s'inclinait toujours
devant l'État, c'est-à-dire la patrie.

8 – Une économie mixte

L'agriculture, en devenant en lieu et place de la chasse l'activité principale de l'homme, a fait surgir avec elle l'État. Les paysans, n'ayant plus le temps d'être eux-mêmes des guerriers, eurent besoin de protection. Il fallut aussi des administrateurs et des comptables pour gérer les flux et les stocks des greniers à céréales ou pour répartir les eaux douces.

Ainsi le monde, à partir de l'Égypte et des Phéniciens, n'est-il pas très différent du nôtre, y compris l'écriture puis l'alphabet... alors que celui de la tribu nomade, limitée à deux cents individus itinérants, où tous les mâles sont des guerriers, où il n'y a ni provisions ni greniers, nous est inimaginable.

L'État « moderne » existe en fait depuis ces temps anciens.

La politique, la guerre, l'économie surgissent des rapports entre les différents États, ou bien à l'intérieur de ces entités elles-mêmes, institutions qui pouvaient déjà regrouper des millions d'individus. La politique et l'économie n'ont guère changé depuis ces temps reculés, excepté évidemment sur le plan de la technique. Comme la politique, dont elle est l'un des visages, l'économie n'est pas une science, c'est un art, au sens d'artisanat : une manière de gérer la réalité.

Et les problèmes du capitalisme se posent depuis des siècles.

Venise est l'exemple ancien d'une économie déjà « mondialisée », de la Baltique à la Chine.

En face des options possibles, les réponses possibles sont absolument les mêmes malgré les apparences de l'Histoire. Ceux qui disent que l'État peut tout faire se trompent. Le « tout-État » aboutit à la paralysie sociale et à l'effondrement, face à un assaut extérieur, comme celui subi par l'Empire inca devant les Espagnols en 1532 ; ou bien face à des incapacités intérieures, comme la chute de l'Union soviétique et du mur de Berlin en 1989...

À l'inverse, ceux qui pensent que l'État doit s'effacer sont également dans l'erreur. Ils remplacent cette réalité qu'est l'État par une divinité, le « marché », qui, selon leur religion, réglerait équitablement les échanges.

Ceux qui prétendent que le marché peut tout faire sont en dehors de la réalité. Le « tout-marché » (comme son contraire, le « tout-État ») aboutit à l'effondrement, comme celui qu'a connu le monde financier en 2008.

En fait, ces théoriciens de l'un ou l'autre bord sont avant tout – et bien qu'ils s'en défendent – des « idéologues », des superstitieux. Ils ne voient plus la réalité des sociétés humaines. Ce sont des croyants que leur foi aveugle. Il faut réserver la foi aux vrais dieux...

D'un côté, vouloir régler d'en haut la totalité des activités sociales a toujours le même résultat : on tue les hommes pour faire leur bien. En vérité, l'activité politique a pour seul but d'éviter l'enfer, et non pas de faire le paradis : l'expérience de l'Histoire nous a appris que le « paradis terrestre » conduit au goulag.

Mais, de l'autre côté, croire en la « main invisible du marché » est une superstition débile, une théologie qui s'ignore.

Adam Smith, le père de cette théologie (il en écrivit la Bible, *La Richesse des nations*, en 1776), croyait dur comme fer que la totale liberté des individus guidés par leur intérêt personnel contribue au bien-être général.

Il n'avait pas conscience d'être juché sur le dos de l'éléphant britannique, qui dominait les mers et le commerce de façon fort peu libérale. Par ailleurs, la croyance que l'intérêt individuel pourvoit au bien commun lâche la bride aux riches sans leur imposer aucune obligation, et conduit à des comportements délirants comme ceux de nos *traders*.

Les hommes d'affaires vénitiens, réalistes et nullement idéologues, n'adhérèrent jamais à de telles billevesées. Ils savaient que seul l'État, de l'extérieur, et le patriotisme, à l'intérieur d'eux-mêmes, peuvent pousser les riches à sacrifier au bien commun. Ils savaient aussi que les « marchés » ne sont pas des divinités, mais seulement la traduction des calculs de spéculateurs, guidés précisément par leur seul intérêt personnel.

Notons au passage qu'il ne faudrait plus personnaliser les « marchés » dans les médias, ne plus dire : « Les marchés hésitent », mais : « Les spéculateurs hésitent » !

Venise aimait le profit, mais avait compris, dans sa « sérénissime » sagesse, qu'à long terme le profit ne saurait ignorer le bien commun. Venise était une économie mixte, alliant les capitaux et l'État.

L'historien peut le constater : toute économie qui fonctionne, a fonctionné ou fonctionnera est une « économie mixte » qui conjugue la liberté d'entreprendre et le rôle de l'État. Louis XIV, qui créa les Eaux et Forêts, les Ponts et Chaussées et les manufactures royales, n'était pas socialiste. La France des Trente Glorieuses connaissait une économie mixte. La liberté d'entreprendre y existait, mais les banques de dépôt (Société Générale, Crédit Lyonnais) étaient nationalisées pour le confort de tous, et la Sécurité sociale, notre précieuse « sécu », fonctionnait.

Croire, comme Milton Friedman, que les financiers prennent en fin de compte toujours des décisions utiles à la collectivité est une absurdité qui aboutit au chaos. Cette croyance ne fut pas fatale aux États-Unis tant que les banquiers y restaient encore avant tout des patriotes. Ensuite, nous avons vu ce qui s'est passé ! Pour moi, je le redis, l'économiste lucide est John Maynard Keynes (il en est d'autres, moins célèbres).

Or la république de Venise, qui connut des siècles de prospérité, est l'exemple achevé d'une économie keynésienne : les entrepreneurs et les marchands y jouissaient d'une liberté très grande et faisaient preuve d'une folle audace, allant commercer jusqu'au bout du monde comme la famille de Marco Polo. Ils savaient aussi se regrouper dans des sociétés qui mutualisaient les risques. Nous avons parlé des sociétés en « commandite », auxquelles les plus pauvres pouvaient participer d'un seul ducat.

Mais le gouvernement agissait beaucoup en matière économique. Le Sénat y consacrait du temps. La loi réglait minutieusement les droits de douane et les courtages.

À l'Arsenal, société nationale, l'État faisait construire galères et bateaux, et veillait ensuite à leur adjudication.

Les adjudicataires y trouvaient avantage, car ils n'avaient pas à construire les navires et donc à immobiliser des capitaux. Ainsi s'explique la très grande souplesse financière du capitalisme vénitien, dans lequel tout un chacun pouvait investir sans risques démesurés.

C'est l'État également qui fixait les dates de départ et d'arrivée des campagnes commerciales, leurs lieux de destination, les ports à toucher, la nature et l'importance des cargaisons à enlever et débarquer, le mode de paiement à utiliser.

En revanche, recruter les deux cents marins qu'exigeait l'armement d'une galère marchande restait le travail des adjudicataires.

Mais c'est évidemment l'État qui, avec sa marine militaire, assurait la protection des convois à une époque où les pirates grouillaient. Le pavillon portant le lion de Saint-Marc était craint.

Ainsi s'explique que le commerce maritime vénitien, dont les bateaux naviguaient en convois protégés, était le plus sûr du monde.

Les forteresses qui s'alignaient des cols des Alpes au fin fond de la mer Noire protégeaient également ce trafic, organisé à date fixe, d'un bout à l'autre de l'empire.

Soulignons encore une fois que les marchands juifs, qui disposaient d'énormes sommes d'argent liquide, jouaient un rôle majeur dans le capitalisme vénitien. Shakespeare l'a noté, même si son Shylock est une caricature antisémite.

En retour de ces attentions de l'État, les marchands se devaient de transmettre au Sénat l'ensemble des informations recueillies dans les pays où leur commerce les avait menés. Informations précieuses aux historiens contemporains et conservées soigneusement aux Archives d'État.

Contrairement aux élèves de nos écoles de commerce qui croient que les lois économiques sont « modélisables » et partout semblables, les commerçants vénitiens savaient, eux, qu'on ne commerce pas de la même manière dans le golfe Persique et dans le golfe de Venise (comme on nommait alors l'Adriatique)...

Le Sénat, qui a inventé, comme nous l'avons dit plus haut, la « diplomatie à poste fixe » (c'est-à-dire la présence permanente d'ambassades de Venise dans les capitales étrangères), a aussi inventé les « voyageurs de commerce ». S'il n'était pas espion, Casanova était au minimum un excellent voyageur de commerce vénitien, dont les liens avec la Sérénissime ne se sont jamais rompus. Ces hommes vantaient les produits vénitiens comme les verreries, mais aussi et plus subtilement le *Venitian way of life* (comme les films américains ont porté partout l'*American way of life*).

Le gouvernement de la République faisait preuve de prudence, mais il était aussi capable d'audace et d'une grande réactivité. L'histoire superficielle nous affirme que Venise aurait été tuée économiquement par la découverte de l'Amérique (par un Génois au service de l'Espagne) et l'ouverture par les Portugais de nouvelles routes maritimes que la cité ne contrôlait pas. Les Espagnols ont été des conquistadores, leurs marins étaient génois.

Rien n'est plus faux que cette légende.

Le roi de Portugal avait invité les Vénitiens à venir chercher leurs épices à Lisbonne plutôt qu'en Orient. Il pensait que les deux parties y auraient eu avantage car, admirables marins, les Portugais étaient de mauvais commerçants.

Venise n'accepta pas cette proposition. Elle comprenait qu'à Lisbonne elle n'aurait pu jouir des réseaux commerciaux séculaires qu'elle avait tissés en Asie, que ce soit auprès de l'empereur de Chine, du shah de Perse ou de la Sublime Porte (on nommait ainsi le sultanat turc ottoman, ou plus simplement la « Porte » : « Sublime Porte » et « Sérénissime République », la titulature dit tout). Venise décida donc d'entrer en concurrence avec les Portugais.

Le Sénat imagina alors, quatre siècles ou presque avant Ferdinand de Lesseps, de creuser un canal navigable à travers l'isthme de Suez ! Il s'agissait, comme les Français le feront plus tard, d'éventrer l'isthme d'une tranchée aux dimensions des navires de l'époque.

Le projet fut longuement discuté au Sénat et accepté par l'Empire ottoman. Il ne vit jamais le jour à cause d'un changement de souverain à Constantinople et de la reprise de la guerre navale entre les Turcs et Venise.

Mais, à la fin du XVIe siècle, les commerçants de l'Europe entière avaient repris le chemin de la lagune.

Plus tard Amsterdam, puis, après leur victoire sur les flottes ibériques de l'« Invincible Armada », les Anglais supplantèrent l'ex-Dominante. Mais jusqu'à la fin de son indépendance, et malgré le grand développement de sa richesse agricole en Italie du Nord, Venise allait rester un centre commercial important et une puissance navale. En 1774 encore, elle envoya contre la régence de Tunis, sous le commandement d'Angelo Emo, une escadre de vingt-six vaisseaux dont une partie bloquait Tunis et l'autre croisait en mer Égée pour dissuader la « Porte ».

Sur chaque galère d'État, le Sénat faisait embarquer huit jeunes gens dont on attendait « qu'ils s'endurcissent à la fatigue, apprennent les réalités du commerce et à exposer leur vie pour la défense de la patrie ». Une « école » autrement plus formatrice que ne l'est HEC ! Il s'agissait de citoyens peu fortunés auxquels on enseignait, aux frais de l'État, toutes les ficelles des échanges internationaux.

On les appelait les « gentilshommes de la poupe », car ils logeaient dans le château arrière des navires, avec l'état-major.

Informée par ses multiples agents, officiels ou officieux, la Sérénissime savait en quel endroit et à quel moment acheter ou vendre. Nous avons déjà dit qu'elle organisait, première au monde, un tourisme des classes aisées vers la ville, où de belles auberges et des courtisanes zélées étaient prêtes à les accueillir.

Pour les moins fortunés, les couvents, en particulier ceux des dominicains et des franciscains, solidement implantés dans la ville, faisaient office d'hôtels.

Cette cité « invraisemblable » où coexistaient les commerçants de l'Europe, de l'Orient et les financiers de partout (les environs du pont du Rialto furent longtemps le Wall Street de l'époque), où les artisans les plus habiles côtoyaient les comédiens et les musiciens, où les théâtres étaient si nombreux que parfois les spectateurs se trompaient d'adresse, où l'opéra triomphait dans la très belle salle de la Fenice, où il n'y avait guère de semaines sans une fête chatoyante, où naviguaient les vaisseaux de tous genres, galères et bateaux ronds aux voiles colorées, où les rez-de-canal des plus magnifiques demeures patriciennes étaient en fait des entrepôts encombrés de ballots – nul n'en peut aujourd'hui imaginer la splendeur, maintenant qu'elle est transformée en musée, en

résidence secondaire d'étrangers, et déshono-
rée par le tourisme de masse !

À ce propos, je dois au lecteur une mise au
point : je ne suis pas contre l'accès du plus
grand nombre en tous lieux. Mais je déplore
qu'on jette, place Saint-Marc comme au
Mont-Saint-Michel, des gens auxquels des
agences qui méprisent leur public n'ont rien
expliqué. Ce n'est évidemment pas le cas de
toutes les agences de voyages. Mais « voya-
ger », ce n'est pas seulement changer de lieu,
c'est regarder, c'est comprendre... Cependant,
toute dépeuplée et « marchandisée » qu'elle
soit, Venise reste encore le plus bel endroit du
monde.

Le propos de cet essai étant de rappeler l'originalité de son capitalisme, il faut encore dire
que Venise fut jadis la première et la plus
importante ville industrielle d'Europe, avec les
milliers d'ouvriers de l'Arsenal et des verreries,
des chantiers navals, les artisans des imprime-
ries et des filatures, des industries du luxe,
mais aussi les sidérurgistes de ses fonderies de
canons. Entreprises de tout genre, privées ou
publiques. Nous avons vu à quel point – et ce,
jusqu'à la fin – cette « cité Wall Street » ne crut
jamais à la seule vertu de la finance, mais

voulut toujours garder de puissantes manufactures locales, sources de profits concrets et bassins d'emplois pour éviter le chômage (qui n'exista pas à Venise, où le plein emploi était l'obsession du gouvernement).

Il faut souligner la bêtise et le manque total de patriotisme de certains de nos actuels capitalistes qui croient qu'on peut « délocaliser » sans risquer la mort : la mort des chômeurs d'abord, évidemment, honteuse et immorale, car le premier devoir des riches est de donner du travail à leur entourage ; la mort des riches ensuite et à court terme, car, ne produisant que du « virtuel », ils seront éliminés par ceux-là mêmes à qui ils ont confié leurs productions pour épargner, sordidement, sur les salaires de leurs compatriotes.

Par ailleurs, nous avons noté plus haut que si les contrats de travail entre patrons et ouvriers vénitiens, souvent simplement oraux, restaient libres, il fallait aux patriciens tenir compte de la puissance des corporations. Certes, strictement cantonnés dans leur fonction, les « métiers » n'abusèrent jamais de leur pouvoir à Venise, contrairement à ce qui se passa à Florence, mais ils offraient à leurs membres une réelle « sécurité sociale » dont témoigne la beauté des *scuole*, parfois plus magnifiques que les palais des magnats.

Enfin, les riches, s'ils pouvaient profiter de leur argent et vivre fastueusement (la ville entière de Venise donne d'ailleurs une impression d'opulence et de faste), ne pouvaient songer un instant à se soustraire à leurs devoirs envers la République ou à l'impôt. Sur ce point, le Conseil des Dix était implacable.

Pas de « niches fiscales » à Venise, pas de « planques » en cas de guerre. Au contraire, le patriciat y payait son rang de la vie de ses fils. Nous l'avons vu à Lépante ! Pas de résidence protégée à Genève ou à Bruxelles non plus : un citoyen vénitien, à plus forte raison un noble inscrit au « livre d'or », n'aurait pu imaginer résider en dehors de la ville. Même si la villa de campagne était tolérée (et devint habituelle au XVIIIe siècle, où les profits fonciers n'étaient plus négligés), elle se situait sur les territoires vénitiens. Quant au noble, il devait impérativement avoir sa résidence principale, légale et fiscale en ville.

Évidemment, dans ce capitalisme policé, les lois, les règlements régissant le commerce, l'industrie et les affaires étaient si nombreux qu'ils formaient des codes encore plus lourds que les nôtres, dont se plaignent nos syndicats patronaux : codes des impôts, du commerce, du travail, etc.

Or, chose curieuse, et n'en déplaise à nos ultra-libéraux, ces règlements, ces codes ne faisaient pas fuir les hommes d'affaires du reste du monde. Au contraire, ils les attiraient.

C'est qu'à Venise chacun, fût-il kalmouk, savait qu'il serait accueilli, protégé et surtout payé en temps et en heure : les défauts de paiement, si courants ailleurs à l'époque, y étaient inconnus. L'homme d'affaires étranger, en plus d'être payé, savait aussi qu'à Venise il s'amuserait et, après les laborieuses négociations, passerait du bon temps.

Amsterdam plus tard a succédé à Venise, et je ne sous-estime pas le génie hollandais. Là aussi, la liberté de penser fut grande – Descartes en a profité.

Mais, quoique belle, la « Venise du Nord » ne saurait rivaliser en splendeur avec la vraie. Par ailleurs, Amsterdam était puritaine et l'on s'y ennuyait ferme !

Seule Venise sut très longtemps marier le travail et la fête, le droit et le plaisir, le courage et la joie, les obligations dues à l'État et la licence autorisée par le carnaval.

Pourquoi la chute ?

1 – La sclérose terminale
de la classe dirigeante

Comme Chateaubriand le constate, Venise fut grande parmi les nations jusqu'en 1716, date à laquelle les Turcs lui reprirent la Morée (Péloponnèse), mettant ainsi fin à sa thalassocratie. Mais elle conserva jusqu'à Bonaparte, outre l'Istrie, toute la côte dalmate (aujourd'hui Croatie maritime) et les îles Ioniennes avec Corfou, où la Sérénissime, dans un dernier combat glorieux, brisa en 1716, et définitivement, les assauts turcs, obligeant les Ottomans à lever le siège en catastrophe avec des pertes immenses. Le gouvernement vénitien, pour ce combat décisif sur terre (les Turcs avaient débarqué dans cette île qui commande l'accès de l'Adriatique), engagea un Allemand, le comte de Schulenburg, ce qui fit dire au sultan : « Aujourd'hui, Schulenburg nous a vaincus » (le 19 août 1716). Ces régions restèrent vénitiennes jusqu'à la fin et passèrent donc sous la domination française après 1797 quand Bonaparte occupa la ville. Les rivages de Dalmatie furent transformés en départements et un maréchal d'Empire devint « duc de Raguse ». Après 1716, Venise n'était plus une grande puissance, mais c'était encore une puissance.

Chateaubriand en prend acte : « Aux XIIIe, XIVe et XVe siècles, Venise fut dominante sur mer et sur terre. Elle se soutint aux XVIe et XVIIe siècles. Au XVIIIe siècle seulement, elle déclina. »

Sous Louis XIII, Richelieu tint grandement compte de Venise dans sa lutte contre la maison d'Autriche, en particulier pour le contrôle de la vallée alpine de la Valteline.

Sous Louis XIV, Venise mena encore, à l'admiration des capitales européennes, une guerre de vingt ans contre l'Empire ottoman pour la possession de Candie (l'île de Crète). Les puissances se gardèrent de l'aider, mais une sorte de « brigade internationale » de gentilshommes venus de France, d'Angleterre et d'Allemagne, scandalisés par leur abstention, se forma pour aller combattre avec la République contre l'assaut turc. Nous avons parlé de cet épisode.

Demandons-nous pourquoi Venise, puissance encore vaillante au début du xviiie siècle, déclina jusqu'à s'effondrer en 1797 ? Quelles furent les raisons de la décadence, en trois générations seulement, d'un État qui s'était soutenu neuf siècles ?

Le signe visible de cette décadence est la politique de « neutralité absolue » (seulement rompue en 1774 contre Tunis). Neutralité absolue que la République adopta vers 1717 et à laquelle elle se tint ensuite obstinément, elle qui depuis mille ans avait avant tout commercé, mais avait toujours su prendre parti et se battre quand c'était inévitable. Nous en avons donné de nombreux exemples, dont sa résistance en 1509 contre l'Europe unie dans la ligue de Cambrai et sa victoire décisive pour l'Europe contre les Ottomans à Lépante en 1571.

Cette « neutralité absolue », contraire à tous ces siècles de gloire, fit disparaître Venise de l'Histoire. L'Histoire se fit, à partir de là, sans elle et *in fine*, au moment de la Révolution française et de Bonaparte, contre elle !

Notons que telle est toujours l'issue des politiques d'abstention – constat inquiétant pour l'avenir de l'Union européenne, en passe d'adopter la même politique de neutralité.

Le Sénat (comme l'institution bruxelloise aujourd'hui) se crut, après Corfou, dernier exploit des armées vénitiennes, en dehors du monde et à l'abri de ses soubresauts. La suite allait lui montrer à quel point il se trompait.

Mais, s'il y eut décadence du courage et de la puissance, il n'y eut pas décadence de la civilisation vénitienne, et il s'agit là d'une grande différence avec l'Union européenne, laquelle est complètement américanisée. Jamais Venise ne fut aussi éblouissante qu'en son dernier siècle ! Là encore, Casanova est un symbole : Venise restait un merveilleux décor de théâtre, peint par Guardi, Longhi, Canaletto et utilisé par Goldoni. Le théâtre vénitien fut le modèle de Casanova, ce grand comédien de l'amour.

Quant à la décadence économique, elle n'était que relative. Sur mer, Venise ne pouvait évidemment pas lutter contre l'Angleterre, ni sur terre contre la France, ces géants (Colbert avait d'ailleurs réussi à débaucher beaucoup d'artisans vénitiens pour fonder Saint-Gobain), mais le commerce de Venise était encore actif et la ville industrieuse.

Elle régnait encore sur des millions de sujets qui lui restaient tout dévoués et crieront « San Marco, San Marco ! » au nez des troupes de

Bonaparte... Alors, pourquoi ce renoncement à compter dans l'Histoire, dont elle avait si long-temps été une actrice majeure ? Pour quelles raisons ces grands commerçants, ces hardis navigateurs, ces efficaces et rusés politiques, dont les actes importaient beaucoup au reste du monde, sont-ils devenus si vite ces comédiens du XVIIIe siècle, grands comédiens certes, mais acteurs seulement de *commedia dell'arte* et non plus de l'Histoire ?

La première cause est évidente : c'est la sclé-rose de la classe dirigeante.

Venise, certes, fut toujours une oligarchie, mais pendant des siècles le Grand Conseil, théoriquement fermé aux recrutements nou-veaux depuis la *serrata del Maggior Consiglio* (la fermeture du Grand Conseil, votée en 1297), se renouvelait en fait.

L'admission de familles nouvelles (*casa nova* signifie « nouvelle maison ») dans l'oligarchie par inscription sur le « livre d'or » fut en effet continue jusqu'en 1718, afin de combler les trous faits dans l'assemblée par les guerres, par les pestes dévastatrices dans une cité tournée vers l'Orient – épidémies peu à peu maîtrisées –, par les accidents du commerce sur des routes terrestres et maritimes encore dangereuses malgré la surveillance que la République y exerçait.

Il était d'usage, quand on était admis, de verser une forte somme à l'État. Les rois d'Europe, qui tenaient à honneur d'être inscrits sur le « livre d'or », le faisaient également, mais leurs inscriptions honorifiques et nombreuses (une douzaine) n'étaient rien dans une assemblée de deux mille membres. Quand elle avait besoin d'argent frais pour financer un conflit ou mener à bien de grands travaux (dont les derniers furent, au XVIIIe siècle, l'édification de la gigantesque Palamède de Nauplie, chef-d'œuvre de l'architecture militaire, ou la construction de la longue digue des Murazzi au Lido), la République admettait au Conseil une nouvelle fournée de patriciens.

Or, avec la « neutralité absolue » observée par Venise de manière déraisonnable après 1717, tout au long ou presque du XVIIIe siècle, il n'y eut plus d'admissions nouvelles au Grand Conseil.

La classe dirigeante, de moins en moins nombreuse, se referma sur elle-même.

Chateaubriand nous le rappelle : une classe dirigeante doit se renouveler en trois ou quatre générations et accueillir en son sein des « hommes nouveaux ».

Si elle ne le fait pas, elle dégénère et passe, selon le vicomte, « de l'âge des supériorités à celui des vanités », qui succède à l'âge intermédiaire, celui de la deuxième génération des « privilèges ». La leçon est toujours actuelle. La France aujourd'hui secouée de scandales n'en est-elle pas, ou du moins ses dirigeants, à l'âge des privilèges ? Une classe dirigeante qui n'admet pas de nouveaux membres en son sein se détruit elle-même. Car c'est un fait : malgré de brillantes exceptions, les héritiers sont statistiquement moins dynamiques que leurs pères[1], même – et c'était le cas à Venise – s'ils échappent à la corruption.

Par ailleurs, quand l'« ascenseur social » tombe en panne, les conséquences sont redoutables et cela menace gravement la cohésion du groupe.

Les citoyens, n'ayant plus aucun espoir de voir leurs enfants accéder un jour au gouvernement, se désintéressent de la politique et des affaires de l'État. La vie d'un Georges Pompidou, fils de facteur rural devenant président de la République, n'est plus actuellement

---

1. À ce sujet, voir Frédéric Teulon, *Les FFD. La France aux mains des Fils et Filles De*, Bourin éditeur, 2005.

imaginable. Les « fils de » encombrent de leur incompétence les cercles économiques et médiatiques.

Dans le dernier tiers du XVIIIe siècle, les apparences de la Sérénissime étaient toujours fastueuses. Les riches Vénitiens restaient attachés à la terre. Jusqu'à la fin, l'« exode fiscal » fut considéré dans cette société de l'argent comme une honte.

Les Vénitiens auraient regardé avec mépris les Français réfugiés fiscaux à l'étranger. Ils auraient jugé qu'ils manquaient à l'honneur. Il est en effet étonnant de constater à quel point se soustraire à l'impôt en plaçant sa résidence à l'étranger est admis par la France avec indulgence. Un exilé fiscal notoire comme Johnny Hallyday est reçu avec respect par le président de la République. À Venise, il aurait été arrêté sur ordre des Dix.

Enfin, dernière différence : jusqu'à la fin, les patriciens sont restés cultivés, alors que l'inculture de nos dirigeants est abyssale. Cette inculture, cet oubli total du passé et de l'avenir, ce mépris du long terme, cet amour de l'immédiat, ces annonces non suivies d'effets rendent les dirigeants de l'Occident incapables de mesurer et même de concevoir les dangers de la « sclérose », pour leur peuple certes, mais d'abord pour eux-mêmes. « Charité bien ordonnée commence par soi-même », dit le proverbe. Un certain sens du devoir est nécessaire à celui qui veut gagner de l'argent pendant longtemps...

Ainsi, le patriciat de Venise se sclérosa par non-renouvellement. Ce patriciat actif, inventif, héroïque au cours des siècles, finit par s'endormir. Il s'enferma dans les plaisirs. Casanova en est le symptôme : lui qui en vint à dire que « la patrie, c'est les plaisirs », ne savait plus passer du lit de ses belles à l'action. Indolents, bercés dans leurs gondoles ou faisant la sieste dans leurs magnifiques villas palladiennes de Terre ferme, les nobles du Grand Conseil ne formaient plus qu'une assemblée de jouisseurs cyniques qui ne créaient plus rien et regardaient en spectateurs détachés les tumultes du monde.

2 – L'oubli du bien commun

« Le bien commun n'est pas la somme des intérêts particuliers, il les surplombe[1]. »

Nous avons souligné à quel point le souci du bien commun était grand dans le patriciat vénitien. Il en fut la préoccupation principale pendant sept siècles !

Il ne l'était plus à la fin du XVIIIᵉ. Chateaubriand le constate : « Les nobles du Grand Canal devinrent des croupiers de pharaon[2] et les négociants, d'oisifs campagnards de la Brenta. Venise ne vivait plus que par son carnaval, ses polichinelles, ses courtisanes et ses espions. Son doge, géronte impuissant, renouvelait en vain ses noces avec l'Adriatique adultère. »

---

1. Régis Debray, *Médium*.
2. Jeu de hasard qui se joue avec des cartes et au cours duquel on pouvait « faire sauter la banque ».

Pourquoi la chute ?

Il arriva à la Sérénissime République en ce siècle des Lumières, où elle brillait encore d'une lumière éblouissante, ce qui était arrivé à l'Empire romain et causa sa fin : les dirigeants y avaient perdu tout sens de l'État. Noblesse n'obligeait plus à rien !

L'argent, longtemps tenu dans la Sérénissime comme un moyen, un moyen important, devenait une fin. Le sens du profit était grand chez les Vénitiens. Ils arrachaient les marchés avec les dents, d'où la légende shakespearienne des paiements avec la chair humaine. Mais un moyen soumis à l'intérêt supérieur de l'État, à l'honneur, à la patrie. Vers 1750, l'argent, de moyen, s'était à Venise transformé en dieu.

C'est exactement ce qui arrive au capitalisme anglo-saxon aujourd'hui.

La société se fracture entre d'un côté une caste d'hyper-privilégiés, toujours riches, très incultes et dégagés de tout devoir, et de l'autre une classe moyenne de « citadins » écartés des affaires et s'appauvrissant, les deux groupes surmontant un *popolo* toujours plus chômeur, puisque la caste des hyper préfère donner du travail aux paysans chinois exploités et misérablement payés.

166

D'après Keynes, pourtant, la répartition de la plus-value du profit doit être équitable : un tiers au capital, un autre tiers au travail et le dernier tiers à l'investissement, c'est-à-dire à l'avenir. À Venise, au moins, jamais le *popolo* ne devint misérable et les patriciens gardèrent jusqu'à la fin un certain sens social. Cependant, il n'était plus question pour eux de mourir pour la patrie comme le faisaient leurs pères, ni même de se soucier du bien commun. Nos patriciens, en France aujourd'hui, sont descendus plus bas. Ils ont l'âpreté au gain, mais nullement l'élégance et la culture de ceux de Venise ; quant au sens social, ils en manquent cruellement.

Il y a cinquante ans, il n'en allait pas ainsi. Le capitalisme français n'était pas uniquement financier. Les grandes familles industrielles françaises, les Michelin par exemple, gardaient le souci – peut-être « paternaliste », mais le souci quand même – du bien-être de leurs ouvriers. Comme le Sénat vénitien avec les artisans de l'Arsenal, ils bâtissaient des « cités ouvrières » et fondaient des « familistères ».

Leurs descendants ont inventé la « mondialisation » pour expliquer que leur patrie est désormais le pays où leur argent fructifie le mieux. L'Union européenne elle-même, à l'origine « démocrate-chrétienne », a été détournée dans ce sens ultra-libéral.

La concurrence ne se fait plus sur la qualité des productions, mais sur le degré d'avarice : moins on paie ses ouvriers, plus on emporte de parts de marché !

Quant à la « mondialisation », qu'on cesse de nous en rebattre les oreilles ! Elle existe depuis Alexandre le Grand, et l'histoire de Venise est celle d'une cité mondialisée.

En vérité, ce mot est un euphémisme qui signifie « hégémonie du modèle capitaliste anglo-saxon ». Quand un autre modèle existait avec l'URSS, on ne le prononçait pas. Ce qui ne veut pas dire qu'il faille regretter le goulag !

Les dirigeants vénitiens du dernier siècle de la Sérénissime s'acquittaient encore de leurs charges, mais sans conviction. Le scepticisme distingué qu'ils affichaient a suffi à les perdre.

Cependant, la chute brutale et soudaine de Venise devant Bonaparte reste encore inexplicable, car la Dominante, si elle ne dominait plus, disposait d'une force militaire considérable. Seul Chateaubriand, qui connaissait à la fois Venise, la Révolution française et Bonaparte, a su élucider ce mystère. Il nous en livre l'explication dans des pages parmi les plus belles, mais aussi les moins connues, des *Mémoires d'outre-tombe*.

3 – La chute

D'après Chateaubriand, ce ne sont ni les Turcs, ni Christophe Colomb et la découverte de l'Amérique, ni même une quelconque action militaire des troupes de Bonaparte qui ont tué Venise.

À l'action militaire de l'armée d'Italie, Venise pouvait facilement résister, bien qu'elle ait laissé envahir sans réagir ses possessions continentales d'Italie du Nord. Fidèle à sa politique absurde de « neutralité absolue », Venise avait assisté en spectatrice aux combats qui opposaient les Français et les Autrichiens dans ses territoires de Terre ferme. Elle avait tout de même encouragé le soulèvement de ses sujets de Vérone contre Bonaparte, mais ne l'avait pas soutenu. Protégée par sa lagune, il lui restait de puissantes forces disponibles pour la défense de ses possessions insulaires qui couvraient une mer Adriatique parsemée d'un réseau de forteresses imprenables. Son « golfe » fournissait à la capitale quinze mille soldats croates montés en armes dans la ville ; soldats tout dévoués à Saint-Marc qui passaient à l'époque pour les meilleurs du monde (ils nous ont laissé la cravate qu'ils portaient au cou, « croate » ayant donné « cravate » en français).

Au port et dans la lagune, la cité disposait à cette date de deux cent neuf navires armés de sept cent cinquante pièces d'artillerie.

Hors de portée des canons de la Terre ferme, Venise était probablement d'autant plus imprenable qu'elle n'offrait pas de sol pour y débarquer. Les assaillants, tout comme au temps des Lombards, ne pouvaient parvenir à la ville que par les chenaux lagunaires, dont le labyrinthe avait été rendu inextricable par l'enlèvement des perches qui les marquaient. De plus, au cours du temps, Venise avait édifié dans la lagune, du côté de la terre, des îles fortifiées hérissées de canons.

En 1773, l'Anglais Addison le constatait encore : Venise « n'a ni rochers ni fortifications autour d'elle, et cependant elle est peut-être la ville la plus imprenable de l'Europe ».

En 1797, la Sérénissime disposait aussi d'un crédit financier supérieur à son trésor (elle serait classée AAA par les « agences de notation », nos actuelles pythies).

L'Angleterre et l'Autriche, en guerre contre la France, se seraient empressées de venir à son secours.

Le Directoire, incapable de se saisir des îles de Jersey et de Guernesey, à une encablure des côtes normandes, n'aurait pu s'emparer des îles vénitiennes, armées de canons et défendues par des navires de guerre.

Ce ne sont donc pas les forces armées qui manquaient à la République en ce moment fatal. Eût-elle engagé la bataille dans la lagune qu'elle l'eût, à coup sûr, gagnée : les Français n'avaient aucun bateau ! Bonaparte le savait si bien qu'il ne voulait pas courir ce risque.

C'est le « mental » du patriciat qui se brisa d'un coup ! Chateaubriand le constate avec étonnement : « Quelques lignes méprisantes de la main de Bonaparte suffirent pour renverser la cité antique où dominaient jadis "ces magistratures terribles" qui, selon Montesquieu, "ramenaient violemment l'État à la liberté". »

En lisant les deux lignes qui suivent, superbes de concision et de dérision, on pense à la lâcheté semblable qu'eurent en 1938, à Munich, Chamberlain et Daladier devant Hitler (même si évidemment il est impossible d'assimiler Bonaparte, homme des Lumières et de la Révolution, à Hitler) : « Ces magistrats, jadis si fermes, obtempérèrent en tremblant aux injonctions d'un billet écrit sur un tambour ! »

Le Sénat ne fut pas consulté. Le dernier doge, Manin, offrit son abdication ; les guerriers dalmates furent congédiés et quittèrent la ville aux cris de « San Marco, San Marco ! », déçus de ne pas se battre. Quant aux vaisseaux, ils furent désarmés.

Comment ne pas souligner la ressemblance de ce désarmement-là avec le sabordage de la superbe flotte française de Toulon en novembre 1942, au commandement de l'imbécile amiral Laborde ?

Quatre jours plus tard, le 16 mai 1797, les soldats de l'armée d'Italie, embarqués paisiblement sur des gondoles, l'arme au bras et sans tirer un coup de feu, prirent possession de la cité, vierge depuis mille ans de toute occupation.

Et Chateaubriand, qui s'interroge sur cette issue inattendue et sur sa cause, met le doigt sur l'effondrement moral :

« Qui livra Venise au joug d'une manière en apparence si inexplicable, si extraordinaire ?

Le temps et une destinée accomplie. Les contorsions du grand fantôme révolutionnaire français, les gestes de cet étrange masque arrivé au bord de la plage, effrayèrent Venise, affaiblie par les années... Ce ne fut pas notre armée qui traversa réellement la mer, ce fut le siècle. Il enjamba la lagune et vint s'installer dans le fauteuil des doges, avec Napoléon pour commissaire !

Depuis cette époque, Venise décrépite, avec sa chevelure de clochers, son front de marbre, ses rides d'or, a été vendue et revendue, ainsi qu'un ballot de ses anciennes marchandises. Elle languit maintenant, enchaînée au pied des Alpes du Frioul, comme jadis la reine de Palmyre au pied des montagnes de la Sabine ! »

Quelle perspicacité, quelle analyse, quel style ! *Sic transit gloria mundi*, auraient dit les Romains...

Les sociétés et les nations ont une naissance, une vie, une mort. Mais ces étapes ne sont pas datées. Elles ne sont pas non plus fatales, à l'échelle de l'Histoire. Elles tiennent au comportement des dirigeants.

La naissance de Venise relève du miracle, mais ce miracle doit tout à la volonté de patriciens romains qui fuyaient un continent envahi par les Barbares.

La vie de Venise fut longue et glorieuse. Elle brilla en tout : finances, commerce, culture, batailles, tant que ces mêmes patriciens surent se dévouer au bien public et mourir pour la patrie.

La mort de Venise ne fut pas seulement brutale et soudaine, elle fut le contraire de son histoire : vie glorieuse, mort igno-minieuse ! Au moins les nobles auraient-ils pu, l'épée à la main, défendre leur honneur au seuil de leurs palais, soupire Chateau-briand.

Cet événement nous apprend que, en trois générations seulement, les vertus quasi romaines qui avaient fait la gloire de la République avaient disparu entre les mains de dirigeants devenus de tristes *traders*, genre Wall Street, et des bobos germanopratins. La cité portait un masque de carnaval, et sous ce masque il n'y avait plus rien.

La sagesse, « Sérénissime », s'était dégradée en cupidité imbécile. La force, « Dominante », s'était transformée en lâcheté déshonorante.

La classe dirigeante ultra-libérale de notre XXIe siècle n'a également plus rien des vertus de ses ancêtres. Elle ressemble tellement à celle de la Venise finissante qu'on peut craindre pour notre modernité, en apparence encore si puissante (la Chine n'en est qu'un avatar et souffre des mêmes maux), un destin comparable.

Cupidité et lâcheté sont les raisons de la crise économique de 2008. À observer l'Occident de 2010, il ne semble pas que le bien commun et le patriotisme soient revenus à la mode.

L'Allemagne, qu'on donne en exemple, n'est plus qu'un peuple de vieillards crispés sur leurs rentes ; la France (qui conserve mystérieusement – et c'est un signe d'espoir – une bonne natalité) ne tient debout et « indivisible » que par l'habitude des siècles. L'Amérique a tout perdu des vertus cruelles de ses pionniers et de ses immigrants pour devenir une nation obèse ! Par bonheur et pour le moment, aucun Bonaparte ne se présente sur nos rivages, le 11 Septembre n'ayant été en fin de compte qu'un délire terroriste inefficace...

Mais je crois que la méditation sur l'histoire de la chute de Venise devrait donner à penser à nos princes ; l'histoire de sa longue réussite aussi.

Venise nous délivre, en effet, deux leçons contradictoires : d'une part, comment un « capitalisme à visage humain » peut engendrer, de longs siècles durant, la puissance et la noblesse

d'une société ; d'autre part, comment l'individualisme cupide peut entraîner, en un rien de
temps, la disparition d'une civilisation.

Par une soirée orageuse du printemps 2009,
j'étais assis devant la basilique Saint-Marc à
Venise. Le soir tombait. Les derniers éclats du
soleil, se couchant à travers des nuages noirs,
illuminaient les arcades des Procuraties.

Plus loin, sur la Grand-Place, les terrasses
des célèbres cafés s'allumaient. Devant l'auguste
portail byzantin, j'étais seul. Je remarquai alors,
juste devant la porte, une flaque d'eau noire,
assez petite, le résidu probablement des averses
d'une journée orageuse. En ce lieu le plus sacré
de Venise, sous les chevaux du quadrige ramené
de Constantinople, je songeais aux destinées de
la ville. Je m'aperçus que la flaque d'eau gran-
dissait rapidement. Bientôt ce fut une mare qui
interdisait presque l'accès aux portes de la
basilique, heureusement closes à cette heure
tardive. C'était pourtant un soir touristique
ordinaire.

Le klaxon des *acqua alta* n'avait pas retenti.
Les édiles n'avaient pas fait installer les chemins de planches en bois. Simplement, la mer,
sur laquelle Venise est posée, jaillissait presque
invisible en son centre le plus ancien.

Puis l'eau cessa de monter. Personne d'autre que moi n'avait prêté attention à la présence de cette source menaçante. Comment ne pas y voir un symbole ?

On peut sauver Venise. Il serait même facile de le faire, je l'ai noté dès le début de cet essai. Mais il faudrait pour cela s'attaquer à la circulation des paquebots de dix étages, à celle des pétroliers de Marghera, il faudrait détruire l'industrie hideuse de Mestre. En somme, il faudrait s'attaquer au capitalisme anglo-saxon !

Venise est une enfant du capitalisme, mais d'un capitalisme régulé par l'État. Seul l'État qui la gouverna mille ans pourrait préserver du néant les merveilles que la cité d'or nous a laissées.

La flaque d'eau du soir devant Saint-Marc est un signe. Le capitalisme crève de n'être plus dirigé, d'être apatride. Tout le monde dit que la régulation de la finance mondiale est la seule voie de salut. Mais cette régulation ne se fera pas : G8 et G20 sont masques de carnaval.

Seul l'amour de leur cité peut contraindre les riches à réguler, à ne pas placer le profit au-dessus de l'honneur. Or, il n'y a plus de patrie qui tienne pour les capitalistes et financiers.

Jusque vers 1974, les multinationales avaient une patrie d'origine, un certain sens de l'intérêt social aussi (je l'ai dit à propos des Michelin). L'« internationalisme » et l'« individualisme » semblent « libertaires ». Ils sont en fait les meilleurs alliés de l'argent, qui ne trouve plus rien qui lui résiste. Ce n'est pas innocemment que le discours bien-pensant et la publicité exaltent l'individualisme.

Inexorablement, l'eau noire monte au cœur de notre univers « mondialisé ».

Bibliographie
Vingt-cinq livres à consulter

1. *La République de Venise*, Charles Diehl, Flammarion, 1985. Un classique.
2. *Histoire de la république de Venise*, Pierre Daru, « Bouquins », Robert Laffont, 2004. Un notable d'Empire consacre mille pages à Venise.
3. *Histoire de l'Adriatique*, Pierre Cabanes, Seuil, 2001. Une description vivante du golfe de Venise.
4. *La Méditerranée*, Fernand Braudel, Flammarion, 2009. Une référence indispensable.
5. *Histoire de Venise*, John Julius Norwich, Payot, 1979. Une chronologie complète.
6. *Venise, une république maritime*, Frédéric Chapin Lane, Flammarion, 1999. Une histoire animée.
7. *Venise, une cité, une république, un empire*, Alvise Zorzi, La Martinière, 2001. Une somme incontournable par un descendant d'une famille patricienne.

8. *Les Palais vénitiens*, Alvise Zorzi et Paolo Marton, Mengès, 2009.
9. *Description géographique du golfe de Venise et de la Morée*, Jacques-Nicolas Bellin, Didot, 1771, Bibliothèque nationale. Un livre écrit au XVIIIe siècle. Incroyable !
10. *Mémoires d'outre-tombe*, François-René de Chateaubriand, « Bibliothèque de la Pléiade », Gallimard, 1950, tome II, livre 40, chapitre IV et addition du chapitre XVI.
11. *Théorie générale de l'emploi, de l'intérêt et de la monnaie*, John Maynard Keynes, Payot, 1990.
12. *Venise et la Révolution française. Les 470 dépêches des ambassadeurs de Venise au doge (1786-1795)*, « Bouquins », Robert Laffont, 1999. À lire absolument.
13. *Venise au temps des galères*, Jacques Guimard, Hachette, 1968. Belle évocation.
14. *Venise triomphante. Les horizons d'un mythe*, Élisabeth Crouzet-Pavan, Albin Michel, 2004. Superbe.
15. *Les Pierres de Venise*, John Ruskin, Hermann, 2005. Un classique.
16. *L'Art de Venise*, Giandomenico Romanelli, Mengès, 1997. À lire absolument.
17. *Forteresses de Venise*, Rusconi. En italien, Giandomenico Pietro Marches.
18. *The Venetian Empire. A Sea Voyage*, Jan Morris, Penguin, 1990. En anglais. À lire, car unique en son genre.

19. *Navigar in Laguna*, Guido Fuga, Lele Vianello, Mare di Carta, 2001. En italien. À lire car unique en son genre.
20. *La Mort à Venise*, Thomas Mann, Le Livre de poche, 1965. Une référence littéraire.
21. *Venise entre les lignes*, collectif, préface de Jean d'Ormesson, Denoël, 1999. Une référence littéraire.
22. *Contre Venise*, Régis Debray, Gallimard, 1995. Un pamphlet paradoxal.
23. *Fable de Venise*, Hugo Pratt, Magnard, 2009. Venise dans la bande dessinée.
24. *Venise. Itinéraires avec Corto Maltese*, Hugo Pratt, Lonely Planet, 2010.
25. *Le Triomphe de la cupidité*, Joseph Stiglitz, Les Liens qui Libèrent, 2010.

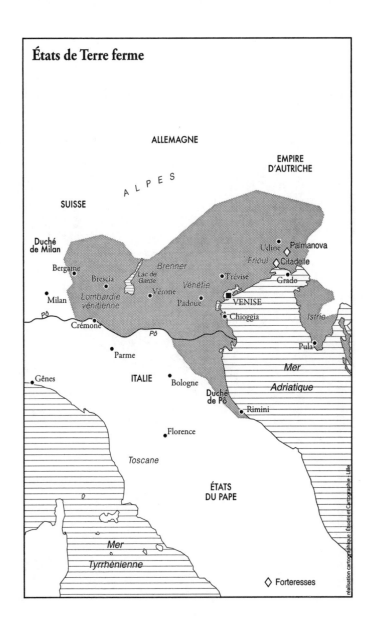

États de Terre ferme

ALLEMAGNE

EMPIRE
D'AUTRICHE

A L P E S

SUISSE

Duché
de Milan

Bergame

Brescia

Milan

Crémone

Pô

Pô

Lombardie
vénitienne

Lac de
Garde

Brenner

Vérone

Padoue

Vénétie

Trévise

VENISE

Chioggia

Udine

Frioul

Palmanova

Citadelle

Grado

Istrie

Pula

Parme

Gênes

ITALIE

Bologne

Duché
de Pô

Rimini

Mer
Adriatique

Florence

Toscane

ÉTATS
DU PAPE

Mer
Tyrrhénienne

◇ Forteresses

réalisation cartographique : Études et Cartographie - Lille

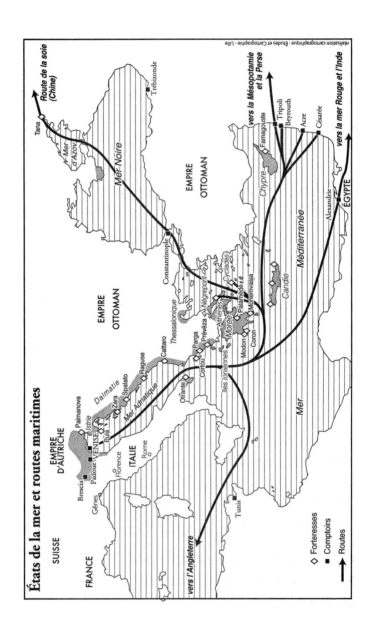

États de la mer et routes maritimes

◇ Forteresses
■ Comptoirs
→ Routes

réalisation cartographique : Études et Cartographie - Lille

Route de la soie (Chine)
Tana
Mer d'Azov
Mer Noire
Trébizonde
EMPIRE OTTOMAN
Constantinople
Thessalonique

vers la Mésopotamie et la Perse
Tripoli
Beyrouth
Acre
Césarée
Chypre
Famagouste

vers la mer Rouge et l'Inde
Alexandrie
ÉGYPTE

Candie
Méditerranée
Mer

SUISSE
FRANCE
EMPIRE D'AUTRICHE
Palmanova
Brescia
Istrie
VENISE
Padoue
Pula
Zara
Spalato
Dalmatie
Raguse
Cattaro
Parga
Prévéza
Corfou
Îles Ioniennes
Otrante
ITALIE
Rome
Florence
Gênes
Tunis

Négrepont
Cyclades
Athènes
Morée
Modon
Coron
Monemvasia
Palamède

Mer Adriatique

vers l'Angleterre

Table des matières

PREMIÈRE PARTIE
La puissance et la gloire

1 – Max Weber démenti 11
2 – « Mort à Venise » 13
3 – La « Sérénissime Dominante » 15
4 – Une cité « sociale » 27

DEUXIÈME PARTIE
Du bon gouvernement

1 – Une cité écologique 35
2 – Des magistrats, jamais de tyrans 61
3 – « Noblesse oblige » 75
4 – Une oligarchie « keynésienne » 89
5 – Justice égale pour tous 103
6 – Une civilisation davantage qu'une cité ... 113
7 – Liberté et laïcité 129
8 – Une économie mixte 137

Table des matières

TROISIÈME PARTIE
Pourquoi la chute ?

1 – La sclérose terminale
de la classe dirigeante 155
2 – L'oubli du bien commun 165
3 – La chute 171

Bibliographie 181

Cartes 185